Knaur.

Knaur.

Besuchen Sie uns im Internet:
www.knaur.de

Originalausgabe 2009
Knaur Taschenbuch. Ein Unternehmen der Droemerschen
Verlagsanstalt Th. Knaur Nachf. GmbH & Co. KG, München
Alle Rechte vorbehalten. Das Werk darf – auch teilweise –
nur mit Genehmigung des Verlages wiedergegeben werden.
Illustrationen: Ole Häntzschel Kapitel 32 – 74 und 99 – 101;
Sigrid Ortwein Kapitel 7 – 29; Jörg Block Kapitel 75 – 91;
Jan Stöwe Kapitel 1, 3, 4 und 6; Nils Hoff Kapitel 2 und 5;
ZEITmagazin Kapitel 30 und 31
Umschlaggestaltung und -abbildung: Ole Häntzschel
Layout und Satz: Daniela Nikel, Stockdorf
Druck und Bindung:
Offizin Andersen Nexö Leipzig GmbH, Zwenkau
Printed in Germany
ISBN 978-3-426-78230-9

5 4 3 2 1

Vorwort

Es war nach der vorigen Bundestagswahl, als mir auffiel: Wir wissen ganz genau, in welchem Landkreis welche Partei gewonnen hat, wir wissen sogar, wie viele Menschen ihren Stimmzettel dort falsch ausgefüllt haben. Wir wissen sehr genau, wie das politische Deutschland aussieht. Aber wie Deutschland sonst so aussieht, davon wissen wir wenig. Mir kam der Einfall: Man könnte doch auch mal Karten von Deutschland entwerfen, die anderes zeigen als Flüsse, Autobahnen oder Wahlergebnisse – sondern eben das ganze Leben.

Im Mai 2007 kam das neue ZEITmagazin heraus. Seither erscheint in jeder Woche eine neue Deutschlandkarte. Die meisten Informationen, die unsere Illustratoren in Karten verwandelten, waren nicht ganz einfach zu beschaffen. Es wurden tagelang Bibliotheken durchsucht, nächtelang Listen ausgewertet – und oftmals lange ausgeharrt: Die Karte mit den schönsten Altstädten zum Beispiel ließ fast ein Jahr auf sich warten. Immer wieder musste der Verband der Landesdenkmalschützer nachdenken, alles noch mal überarbeiten. Dann kam eine Liste, die an eine Diplomarbeit erinnerte.

Einige Karten haben für ein wenig Aufruhr gesorgt: Die Google-Karte wurde in Boulevardmedien diskutiert. Die Friseurkarte wurde ins Englische übersetzt. Und einige Karten, gezeichnet von Ole Häntzschel, gewannen Gold beim weltweit wichtigsten Preis für Infografik. Hier sind noch einmal die bisher erschienenen Deutschlandkarten versammelt, ergänzt um zahlreiche Karten, die nur für dieses Buch entstanden sind.

Mein Dank gilt neben den Redaktionskolleginnen den Illustratoren Jörg Block, Ole Häntzschel, Nils Hoff, Sigrid Ortwein und Jan Stöwe. Auch die Kolleginnen aus dem Layout bewiesen Geduld, wenn ich, was oft vorkam, Karten in letzter Minute noch einmal ändern wollte. Vor einer weiteren Berufsgruppe möchte ich mich verbeugen: den Praktikanten. Simone Gaul, Nele Heinevetter, Christian Heinrich, Svenja Kleinschmidt, Dialika Krahe, Nina Pauer, Fritz Schaap, Marcus Schuster und Tina Suchanek haben viele der Karten in diesem Buch recherchiert. Danke nochmal für alles.

Matthias Stolz
Mai 2009

1 Scheidungen

Die wenigsten Scheidungen pro Einwohner gibt es in der Oberlausitz. Im Osten gehen Paare offenbar weniger schnell auseinander als im Westen. Sind die Ostdeutschen bindungsfähiger? Oder spielt es eine Rolle, dass eine Scheidung oft teuer ist und für viele Menschen im Osten nicht zu bezahlen? Auch im Süden, in Bayern und Baden-Württemberg, sind die Scheidungen selten. Wer katholisch ist und lebt, lässt sich offenbar tatsächlich erst durch den Tod scheiden. Die Ehe und die Großstadt, sie vertragen sich einfach nicht – auf dem Land bleibt man länger zusammen. Ausnahme ist das Oberallgäu, hier gibt es Scheidungen zuhauf. Der Leiter des Jugendamtes dort, der sich um Scheidungskinder kümmert, sieht das Übel im Tourismus. Wochenendarbeit sei wenig förderlich für die Ehe.

Quelle: Statistische Landesämter

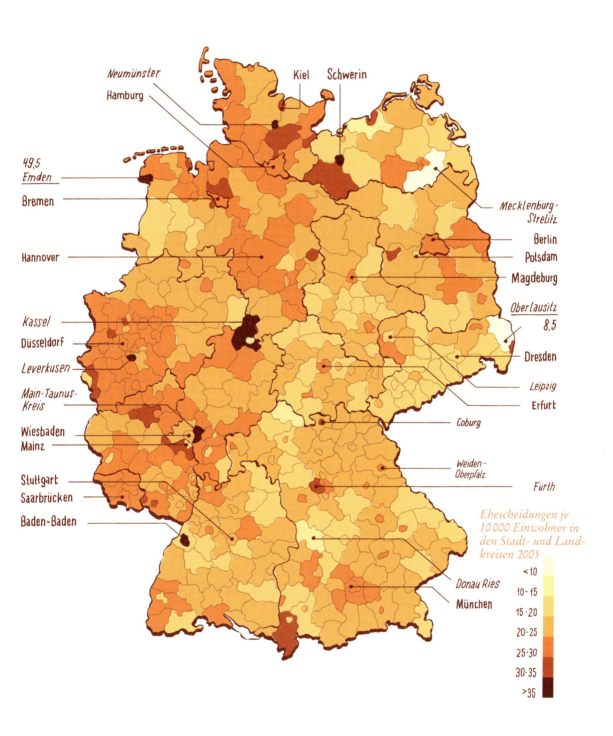

2 Blitze

Wer jemals ein Gewitter im Wald oder auf freiem Feld erlebt hat, in der Hocke bibbernd und hoffend, der Blitz möge sich andere Ziele suchen, dem hilft diese Karte womöglich bei der Reiseplanung für den nächsten Sommer. Blitze entstehen zumeist, wenn die Luft am Boden heiß und die in der Höhe kalt ist. An der Küste, wo das Meer für kühle Böden sorgt, blitzt es daher recht selten. Am meisten blitzt es im Südwesten: Hier ist es warm, und außerdem bringen die Mittelgebirge die Luft in Unruhe – das begünstigt Gewitter. Auch Sachsen ist ein Gewitterland, hier ist es ebenfalls hügelig, und außerdem sind die Böden trocken und werden schnell warm. In Bayern ist es nur in den Alpen gefährlich: Je höher man steigt, desto häufiger blitzt es.

Quelle: Deutscher Wetterdienst

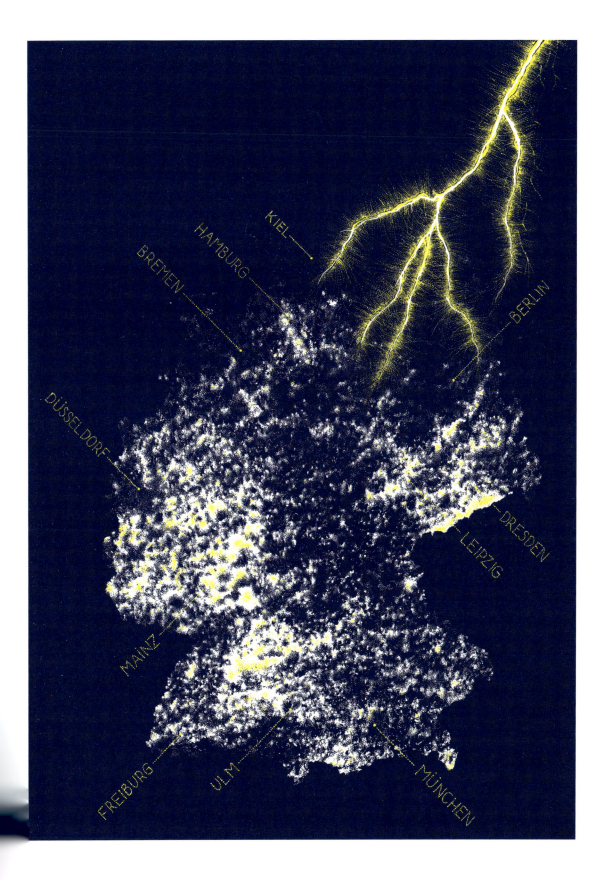

3 Jugend forscht

Ein Klischee trifft zu: Die Tüftler sind öfter im Süden als im Norden oder Osten zu Hause. Auf dieser Karte sind die Wohnorte aller Jugend-forscht-Bundessieger verzeichnet – alle seit 1991, seit auch der Osten mitforschen darf. Je größer die Ortsnamen auf der Karte sind, desto häufiger kamen die Gewinner von dort. Dass der Süden so stark ist, liegt auch daran, dass viele Firmen in Baden-Württemberg ihre Lehrlinge zum Wettbewerb schicken. Bezogen auf die Einwohnerzahl ist das Saarland das erfolgreichste Bundesland. Kleinstädte sind in diesem Wettbewerb oft ziemlich groß. Manche Großstädte, Frankfurt am Main oder Köln zum Beispiel, sind eher klein. Das Forschen ist offenbar in der Provinz zu Hause. Hier ist, wer jung ist, einfach weniger abgelenkt.

Quelle: Stiftung Jugend forscht e.V.
(Stand Mai 2007)

Schleswig

Bokholt-Hanredder

Rostock

Kritzmow

Norderstedt

Lansen
Waren

Ahlerstedt

Hamburg

Emden

Wilhelmshaven

Bergen-Eversen

Borsum

Bremen

Lüneburg

Herrmannsburg

Isernhagen

Berlin

Syke

Neuenkirchen

Hameln

Hannover

Werther

Hildesheim

Gelsenkirchen

Bielefeld

Hettstedt

Paderborn

Bad Liebenwerda

Duisburg

Marl

Wiehl

Gräfenhainichen

Klettwitz

HörLitz

Düsseldorf

Hilden

Zschornewitz

Bienitz

Baulzen

Köln

Langenfeld

Kassel

Lieskau

Leipzig

Strehla

Ottendorf-Okrilla

Euskirchen

Wermelskirchen

Neu-Hüttenberg

Sermuth

Mechernich

Isenburg

Marburg

Krölpa Weimar

Großdeuben

Bad Münstereifel

Amöneburg

Hartmannsdorf

Greifenthal

Remplendorf

Koblenz

Friedrichsdorf

Sonneberg

Andernach

Frankfurt am Main

Bitburg-Mötsch

Pfungstadt

Berscheid

Kirn

Griesheim

Niederwerrn

Thomm

Mainz

Seeheim

Forchheim

Bayreuth

Rittersdorf

Enkenbach-

Geldersheim

Wiesbach

Alsenborn

Primstal Wadern

Morscheid

Einhausen

Oberasbach

Mantel

ehlingen Schmelz-Limbach

Böhl

Mannheim

Kirchensiltenbach

Nalbach Merzig

Homburg

Frankenthal

Rudersberg

Regensburg

Saarlouis Rimlingen

Bissingen

Winnenden

Neukirchen

Völklingen

Neuhausen

Ludwigsburg

Thierhaupten

Wolnzach

Allensbach Renningen

Weinstadt

Eichenau

Ismaning

Vilsbiburg

Ehningen Böblingen

Welzheim

Winterbach

Gilching

Magstadt Ostfildern

Göppingen

Ulm-Lehr

München

Denkendorf Bad Boll

Kirchheim

Germering

Stockdorf

Altötting

Freiburg Waldkirch

Tettnang

Ostrach Ulm-Einsingen

Rümmingen

Sigmaringen

Benningen

Hawangen

Steinen

Gaiß

Bad Saulgau

4 Cabrio

Angeblich, das hört man oft, sei Hamburg die Stadt mit den meisten Cabrios, obwohl es dort doch so häufig regne. Der Blick auf die Karte zeigt: Stimmt nicht. Die meisten Cabrios fahren in Starnberg nahe München, und dort scheint die Sonne ganz ordentlich. Der Südwesten ist die wichtigste Cabrio-Region in Deutschland, sogar das nicht sehr wohlhabende Bad Dürkheim in Rheinland-Pfalz ist reich an diesen Autos. Im Südwesten ist es sonnig, und das hügelige Land lädt dazu ein, im Cabrio entdeckt zu werden. Warum fährt im Osten kaum jemand Cabrio – trotz warmer und regenarmer Sommer? Cabrios sind teuer. Und außerdem vor allem bei jungen Frauen beliebt, eine Bevölkerungsgruppe, die im Osten vergleichbar klein ist.

Quelle: Kraftfahrtbundesamt

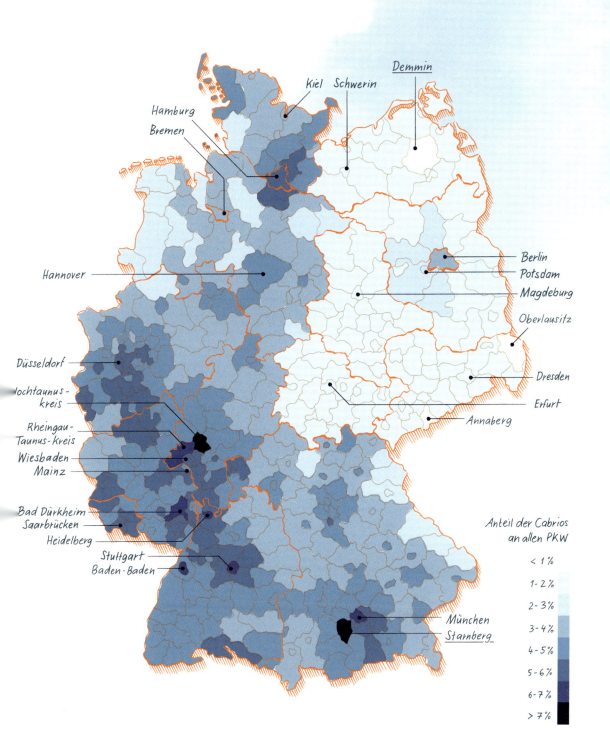

5 Friseure

Schon seit einigen Jahren wird von der Humorkritik bemängelt, wie einfallslos Friseure in ihrem Zwang zur Originalität seien. Früher benannten sich Friseursalons nach ihrem Besitzer oder ihrer Besitzerin, und wenn der Salon einer Gabi gehörte, hieß der Laden eben »Friseursalon Gabi«. Seit Jahren benennen sich Friseure originell. Die Kritiker sagen: scheinbar originell. Die Karte zeigt, wie flächendeckend die drei Wortspiele Haargenau, Haarmonie und Haareszeiten inzwischen benutzt werden: Die »Haarmonie« darf als beliebtester unter den originellen Namen gelten. Auffällig ist, dass diese Namen in der Gegend um Stuttgart oder in Nordrhein-Westfalen um einiges häufiger sind als in Berlin oder München. Was in Stuttgart noch als originell gilt, ist in Berlin längst verpönt. Friseure heißen in den Berliner Bezirken, in denen die jungen, ironischen Menschen wohnen, schon wieder »Friseursalon«.

Quelle: Gelbe Seiten

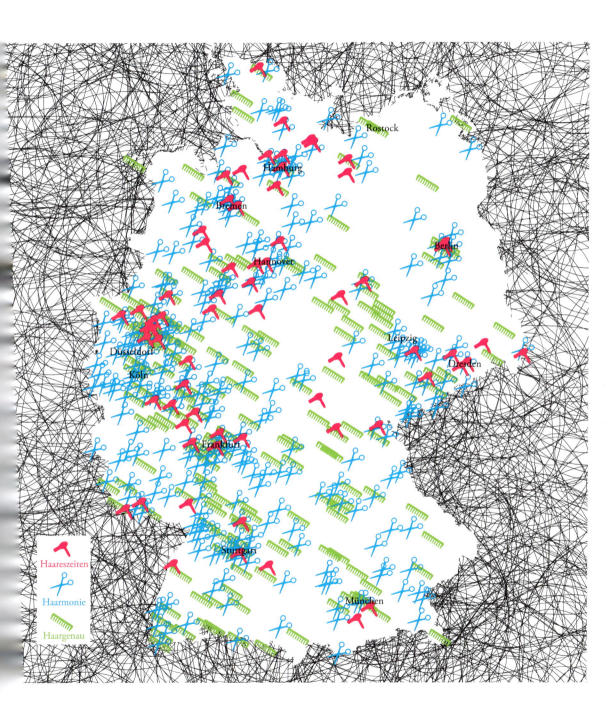

6 Lebenserwartung

Im ganzen Land gilt: Frauen werden älter als Männer. Sie sind genetisch im Vorteil und außerdem achten sie mehr auf ihre Gesundheit. Besonders früh sterben die Männer in Mecklenburg-Vorpommern. Hier ist die Arbeitslosigkeit sehr hoch, und wer arbeitslos ist, stirbt auch früher. Unter ostdeutschen Männern ein verbreitetes Problem: der Alkohol. Auch in Nordrhein-Westfalen, in Bremen und im Saarland erwartet die Männer kein sonderlich langes Leben. Als sie jung waren, malochten viele von ihnen in der Schwerindustrie. Gesund war das nicht. Hinzu kommt, dass aus diesen Ländern recht viele Menschen wegziehen. Vor allem die Gesunden ziehen weg, die Kranken bleiben. Alt wird man im Süden des Landes. Wer Geld hat, wird älter. Er weiß mehr über gesundheitliche Vorsorge, er treibt mehr Sport und er ernährt sich gesünder.

Quelle: Statistisches Bundesamt

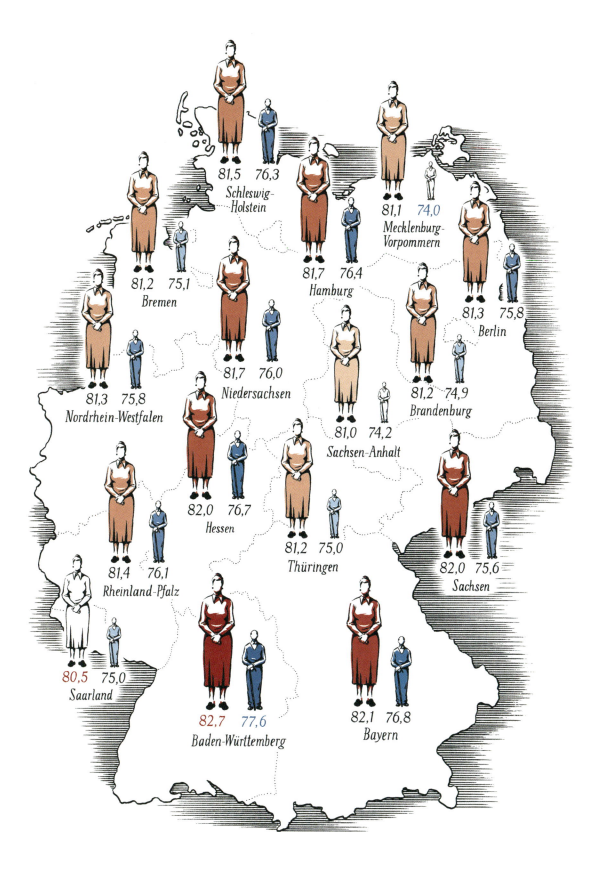

7 Schmidt, Schmid und Schmitt

Je größer die Namen auf dieser Karte, desto häufiger kommen sie in der jeweiligen Gegend vor. Alle, die diese Namen tragen, haben etwas gemein: einen Schmied in der Familiengeschichte. Im späten Mittelalter kamen die Nachnamen auf – und damals schrieb sich der Schmied noch unterschiedlich. Im Süden ist der Schmid zu Hause. Dort sprach man den Schmied mit langem Vokal, darum schrieb man ihn mit einfachem d. Es gibt übrigens auch den Namen Schmied, er ist allerdings sehr selten. Dort, wo sich heute noch die Schmidts und Schmitts ballen, sprach man den Schmied einst mit kurzem Vokal, deshalb schrieb man ihn mit »tt« oder »dt«. Im Norden hat man sich seltener nach dem Beruf benannt und öfter nach dem Vornamen des Vaters. Nur der Name Schmidt ist noch recht häufig. Die Schmidts haben sich am weitesten verteilt. Das liegt daran, dass das Gebiet, in dem man einst den Schmied Schmidt schrieb, am größten war.

Quelle: Johannes-Gutenberg-Universität Mainz

Schmidt
Schmitt
Schmitz
Schmid

Abiturientinnen

Fast überall in Deutschland machen mehr Mädchen Abitur als Jungen. Mädchen haben die besseren Noten, werden öfter fürs Gymnasium weiterempfohlen. Sie sind kommunikativer und weniger aggressiv – das kommt bei Grundschullehrern besser an. Im Osten sind die Mädchen den Jungs besonders überlegen. Auf drei Mädchen, die den Abschluss machen, kommen nur zwei Jungen. Die Eltern denken häufig noch in den Rollenbildern der DDR-Zeit: Männer arbeiten mit der Hand, Frauen mit dem Kopf. Das ist schlecht für die Jungen. Sie finden später nur schwer Arbeit – und nur schwer eine Frau. Die Frauen, besser gebildet, zieht es nämlich in den Westen. In Bayern machen Mädchen seltener Abitur als irgendwo sonst im Land. Hier glauben noch immer nicht wenige Eltern, es genüge, wenn der Mann das Geld verdient. Drei Kreise in Franken hatten übrigens, als die Daten erhoben wurden, überhaupt kein Gymnasium. Dort bleibt die Karte leer.

Quelle: Berlin-Institut für Bevölkerung und Entwicklung (Studie »Not am Mann«)

9 Google

Wofür interessieren sich die Deutschen im Internet? Und wie ist ihr Interesse regional verteilt? Wir gaben 64 Begriffe vor, und die Karte verzeichnet, wo mit Hilfe von Google am häufigsten wonach gesucht wird. Die Suchmaschine erkennt an der IP-Adresse des Computers, woher die Anfragen kommen. Nirgendwo wird »Arbeit« öfter gesucht als in Rostock. Auch »Reichtum« und »Fortschritt« sind ostdeutsch. Nach »Karriere«, »Gier« und »Geld« suchen eher Westler. Oft werden in einzelnen Städten verwandte Begriffe gesucht: in Dresden nach »Flirt« und »Spannung«. In Augsburg nach »Seitensprung« und »Leidenschaft«. In Bielefeld nach »Glück« und »Lachen«. Und auch »Hoffnung« und »Angst« liegen nahe beieinander – in Gießen.

Quelle: Google Trends (Stand Juli 2007)

Gooooooooooogle

10 Fanfreundschaften

Seit den siebziger Jahren gibt es Fanfreundschaften im Fußball: Man zittert und feiert gemeinsam. Die Karte zeigt Freundschaften, an denen Vereine beteiligt sind, die in der Saison 2006/07 in der ersten oder zweiten Liga spielten. Lockere Liaisons zwischen einzelnen Fanklubs sind nicht eingezeichnet. Es zeigt sich: Fanfreundschaften bestehen meist über große räumliche Entfernung hinweg – Bayern und St. Pauli, Rostock und Stuttgart, Schalke und Nürnberg. In Nordrhein-Westfalen, dort wo die meisten Bundesliga-Vereine zu Hause sind, ist man untereinander übrigens nicht befreundet. Es gab einst eine Freundschaft zwischen Dortmund und Essen. Doch war diese wohl eher ein Zweckbündnis gegen Schalke. Die Freundschaft ist inzwischen verblichen. Am meisten Zuspruch benötigen Werder Bremen und der FC St. Pauli – sie pflegen gleich vier solcher Freundschaften.

Quelle: eigene Recherchen

Die 50 Reichsten

Auf dieser Karte sind die 50 reichsten Deutschen und ihre Wohnorte eingezeichnet, so wie sie Forbes, das amerikanische Wirtschaftsmagazin, im Juli 2007 auswies – also noch vor der Finanzkrise. Die Rangliste nennt die geschätzte Größe ihres Vermögens und das Unternehmen, dem sie es verdanken. Einige Listenplätze sind doppelt besetzt – immer dann, wenn sich die Vermögen um weniger als 100 Millionen Euro unterscheiden. Die Stadt mit den meisten Reichen ist Hamburg. Viele leben auch im Ruhrgebiet und im Rhein-Main-Gebiet, wo es zahlreiche Firmensitze gibt. Der Osten bleibt leer, dafür ist die Schweiz mit reichen Deutschen bevölkert, wohl wegen der geringeren Steuern. Nur einer wohnt in den USA, die Nr. 40, Andreas von Bechtolsheim. Inzwischen sind nicht wenige Millionen verloren, an der Verteilung der Reichsten in Deutschland dürfte sich aber nur wenig geändert haben.

Quelle: Forbes-Liste (Stand Juli 2007)

1. KARL ALBRECHT 20,0 MILLIARDEN EURO VERMÖGEN ALDI SÜD MÜLHEIM A. D. RUHR
2. THEO ALBRECHT 17,5 ALDI NORD FÖHR
3. MICHAEL OTTO UND FAMILIE 13,3 OTTO VERSAND HAMBURG
4. ADOLF MERCKLE 12,8 RATIOPHARM UND PHÖNIX PHARMA MANNHEIM
5. SUSANNE KLATTEN 9,6 BMW UND ALTANA PHARMA BAD HOMBURG
6. REINHOLD WÜRTH 9,0 WÜRTH-GRUPPE KÜNZELSAU
7. MARIA-ELISABETH SCHAEFFLER UND SOHN GEORG F. W. SCHAEFFLER 8,7 SCHAEFFLER KG HERZOGENAURACH
8. AUGUST VON FINCK JUNIOR 8,4 INVESTMENTBANKING WEINFELDEN/SCHWEIZ
9. STEFAN QUANDT 7,6 BMW FRANKFURT A. M.
10. JOHANNA QUANDT 6,7 BMW BAD HOMBURG
11. CURT ENGELHORN 6,4 EHEMALS BOEHRINGER MANNHEIM GSTAAD/SCHWEIZ
12. ERIVAN HAUB UND FAMILIE 6,0 TENGELMANN-GRUPPE MÜLHEIM A. D. RUHR
12. HASSO PLATTNER 6,0 SAP HEIDELBERG
14. KLAUS-MICHAEL KÜHNE 5,9 KÜHNE + NAGEL SCHINDELLEGI/SCHWEIZ
15. KARL-HEINZ KIPP 5,7 MASSA-IMMOBILIEN AROSA/SCHWEIZ
16. MADELEINE SCHICKEDANZ 5,5 KARSTADTQUELLE ST. MORITZ/SCHWEIZ
17. OTTO BEISHEIM 4,5 METRO BAAR/SCHWEIZ
18. HUBERT BURDA 4,3 HUBERT BURDA MEDIA MÜNCHEN
18. RAINER & MICHAEL SCHMIDT-RUTHENBECK 4,3 METRO DUISBURG
20. MICHAEL HERZ 4,0 TCHIBO HOLDING HAMBURG
20. WOLFGANG HERZ 4,0 TCHIBO HOLDING HAMBURG
20. ANDREAS STRÜNGMANN 4,0 HEXAL PHARMA TEGERNSEE
20. THOMAS STRÜNGMANN 4,0 HEXAL PHARMA TEGERNSEE
24. ANTON SCHLECKER 3,8 SCHLECKER EHINGEN
25. REINHARD MOHN UND FAMILIE 3,5 BERTELSMANN GÜTERSLOH
26. FRIEDE SPRINGER 3,2 AXEL SPRINGER VERLAG BERLIN
27. OTTO HAPPEL 3,0 GEA GROUP MEGGEN/SCHWEIZ
27. STEFAN SCHÖRGHUBER 3,0 SCHÖRGHUBER GRUPPE MÜNCHEN
27. KLAUS TSCHIRA 3,0 SAP HEIDELBERG
30. HUGO MANN UND FAMILIE 2,7 EHEMALS WERTKAUF KARLSRUHE
30. AXEL OBERWELLAND 2,7 STORCK SÜSSWAREN BERLIN
32. HEINZ BAUER 2,6 BAUER VERLAGSGRUPPE HAMBURG
32. HEINZ-HORST DEICHMANN 2,6 DEICHMANN ESSEN
34. JOACHIM HERZ 2,5 TCHIBO HOLDING HAMBURG
35. HERMANN SCHNABEL 2,4 HELM CHEMIE HAMBURG
36. GÜNTER HERZ 2,3 EHEMALS TCHIBO HOLDING HAMBURG
37. DANIELA HERZ 2,2 EHEMALS TCHIBO HOLDING HAMBURG
38. EUGEN VIEHOF UND FAMILIE 2,1 EHEMALS ALLKAUF MÖNCHENGLADBACH
39. ALBERT PRINZ VON THURN UND TAXIS 2,0 THURN UND TAXIS REGENSBURG
40. ANDREAS VON BECHTOLSHEIM 1,9 SUN MICROSYSTEMS UND GOOGLE PALO ALTO/KALIFORNIEN
40. HANS-WERNER HECTOR 1,9 EHEMALS SAP WEINHEIM
40. SYLVIA STRÖHER 1,9 EHEMALS WELLA DARMSTADT
43. INGEBURG HERZ 1,8 TCHIBO HOLDING HAMBURG
44. ROLF GERLING 1,7 GERLING VERSICHERUNG ZÜRICH/SCHWEIZ
45. DIETER SCHNABEL 1,6 HELM CHEMIE HAMBURG
46. PAUL RIEGEL 1,5 HARIBO BONN
46. HANS RIEGEL 1,5 HARIBO BONN
46. MARTIN VIESSMANN 1,5 VIESSMANN HEIZTECHNIK ALLENDORF
49. ANNELIESE BROST 1,3 WAZ-MEDIENGRUPPE ESSEN
49. PETER UNGER 1,3 AUTO TEILE UNGER WEIDEN

12 Chinesisch

Chinesisch ist als Schulfach in Deutschland noch relativ selten. Nach unseren Recherchen hatten es im Mai 2007 nur knapp 120 Schulen im Programm. Die Karte zeigt die Städte, in denen es Sekundarschulen gibt, die die Sprache als Wahlpflichtfach (schwarz) oder als Arbeitsgemeinschaft (rot) anbieten. In Berlin häufen sich die Chinesisch-Schulen. Berlin und Peking sind seit 1994 Partnerstädte, seither gibt es auch einen Schüleraustausch. In der Bettina-von-Arnim-Oberschule in Berlin-Reinickendorf ist Chinesisch sogar zweite Fremdsprache. Chinesisch gilt als Sprache, mit der man später Karriere machen kann. Sie wird deshalb auch in den starken Wirtschaftsregionen häufiger gelehrt: in NRW, im Rhein-Main-Gebiet und in und um Stuttgart und München.

Quelle: eigene Recherchen (Stand Mai 2007)

你好！

13 Regionale Lebensmittel

Wäre ja noch schöner, wenn jeder Metzger seine Wurst Thüringer Rostbratwurst nennen dürfte. Nein, da gibt es strenge Vorschriften: Sie muss zwischen 15 und 20 Zentimeter lang sein, muss aus grob entfettetem Schweinefleisch und Schweinebacken ohne Schwarte gemacht sein, Salz und Pfeffer dürfen dazu, ebenso Kümmel, Majoran und Knoblauch. Und: Mindestens 51 Prozent der verwendeten Rohstoffe müssen aus Thüringen stammen. Das ist nur eines von 67 deutschen Lebensmitteln, deren Name von der EU geschützt ist, weil sie nur in einem Ort oder einer bestimmten Region (kursiv dargestellt) traditionell hergestellt werden dürfen. Was geschützt werden will, muss sich abheben. Und das tun offenbar eher Speisen aus dem Süden und Südosten. Es sind besonders viele Mineralwässer geschützt. 2013 läuft dieser Schutz für Mineralwasser aus. Wer dann garantiert Regionales trinken will, muss auf Alkohol umsteigen.

Quelle: Europäische Kommission

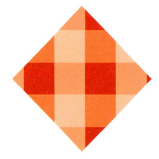

14 Schöne Dörfer

Der Wettbewerb »Unser Dorf soll schöner werden« heißt
seit diesem Jahr »Unser Dorf hat Zukunft«. Vielleicht
wollte man sich auch von den Casting-Shows im Fernsehen distanzieren. Ausgezeichnet wird jedenfalls nicht
mehr nur die Schönheit, sondern auch das Bemühen eines
Ortes, für seine Bewohner lebenswert zu sein – was immer
das bedeutet. Der Wettbewerb findet alle drei Jahre statt.
Die Karte zeigt alle Gewinner seit der Wiedervereinigung.
Zum vorigen Wettbewerb im Jahr 2007 bewarben sich
rund 4000 Dörfer, acht davon erhielten Gold. Es zeigt sich:
Oft gewannen Dörfer, die ganz nahe beieinanderliegen.
Wenn ein Dorf nämlich gewinnt, dann will häufig das
Nachbardorf drei Jahre später auch gewinnen. Brandenburg hatte noch nie einen Sieger, Baden-Württemberg wenige und NRW besonders viele. Dort legt die Landes-
regierung Wert darauf, dass stets mehr als 1000 Dörfer
teilnehmen. Die Vorbereitungen für den nächsten Wettbewerb im Jahr 2010 laufen natürlich längst. Man weiß dort,
dass Schönheit kein Zufall ist.

Quelle: Bundesministerium für Ernährung, Landwirtschaft
und Verbraucherschutz (Stand September 2007)

15 Drachensteigen

Wo Drachen im Herbst besonders gut fliegen, zeigt diese Karte der Windgeschwindigkeiten. Manchmal lohnt es sich, ein paar Kilometer zu fahren, zum Beispiel vom Ruhrgebiet in Richtung Sauerland, und der Wind bläst schon viel stärker. Je näher das Meer und je höher die Lage, desto stärker weht der Wind. Besonders wenig bläst es in Talkesseln. Deshalb ist es um Kassel so ruhig. Der Harz und das Erzgebirge sind neben der Küste die besten Drachenregionen. Das Land drum herum ist nämlich flach. Süddeutschland ist windschwach: Dort muss man sich in große Höhe begeben, um starken Wind zu finden. Dafür kann man dann wenigstens eine hübschere Aussicht genießen, wenn die Drachenschnur mal reißen sollte.

Quelle: Deutscher Wetterdienst

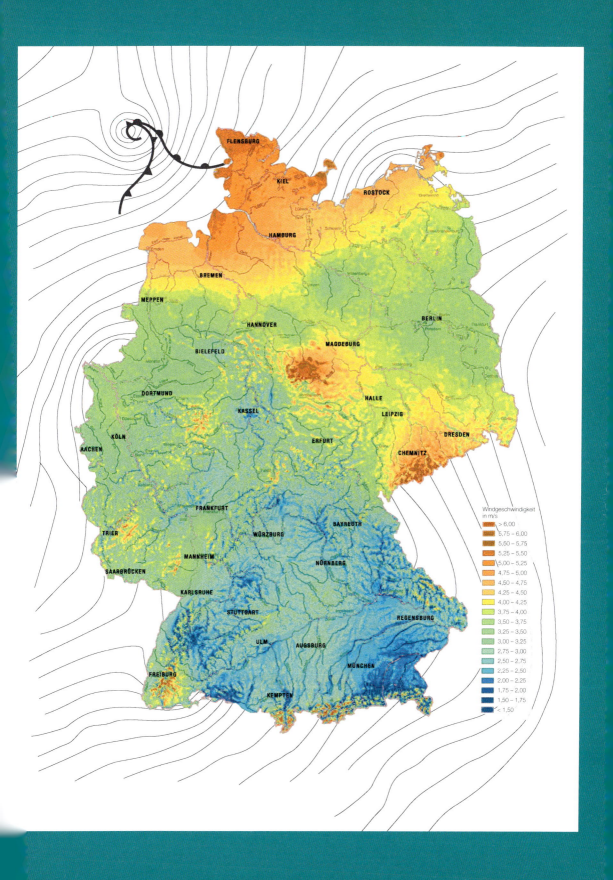

Wie gut kennen wir Deutschland?

Wo genau liegt Berlin, die gar nicht mehr so neue Hauptstadt? Und wo sind Hamburg, Dresden, München und Frankfurt am Main zu finden? In einer leeren Karte haben 50 Ost- und 50 Westdeutsche ihren Tipp eingetragen. Das Ergebnis zeigt diese Karte: Die Tipps der Westdeutschen sind schwarz, die der Ostdeutschen rot eingezeichnet. Die Ostdeutschen liegen nicht nur bei den beiden Städten im Osten richtiger, sie tippen sogar Hamburg etwas besser als die Westdeutschen. Frankfurt am Main und München tippen Ost und West ungefähr gleich gut. Die Westdeutschen kennen sich eher schlecht im Osten aus. Sie finden Dresden kaum, und Berlin vermuten sie weiter im Westen, als es wirklich ist. Oder wünschen sie es sich dorthin? Sogar der einsame schwarze Punkt nahe der niederländischen Grenze sollte Berlin sein.

Quelle: eigene Recherchen

Deutsche Nobelpreisträger

Wenn Menschen den Nobelpreis erhalten, bekommen sie ihn selten in jungen Jahren, sondern meist erst im Alter, wenn ihre Entdeckung oder ihr Werk schon etliche Jahre zurückliegt und sich als besonders wichtig erwiesen hat. So kommt es, dass die Karte der Wirkungsstätten aller deutschen Nobelpreisträger (nur die, die im Ausland lebten, fehlen hier) fast ausschließlich die historischen Wissenschaftszentren zeigt: München, Göttingen, Heidelberg und Berlin – dort hatte die Kaiser-Wilhelm-Gesellschaft ihren Sitz, aus der die Max-Planck-Gesellschaft hervorging. Manche deutsche Universitäten, die heute als besonders gut gelten, wie Aachen zum Beispiel, tauchen auf der Karte gar nicht auf. Sie dürfen auf den Nobelpreis noch hoffen. Die DDR hoffte übrigens vergebens.

Quelle: Leibniz Institut für Länderkunde / C. Hanewinkel

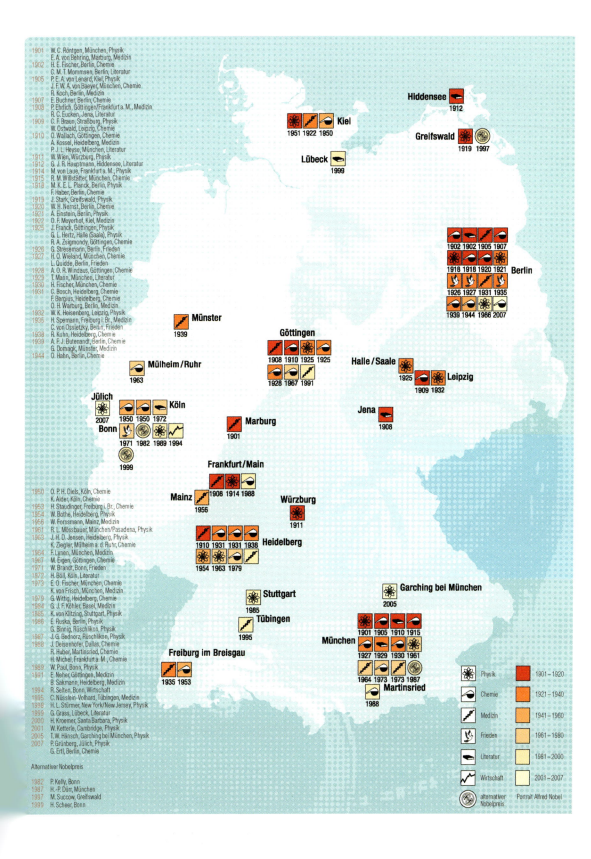

18 Gourmet-Restaurants

Die einen verteilen Sterne, die anderen Hauben. Michelin und Gault Millau sind die beiden wichtigsten Restaurant-Tester des Landes. Die Karte zeigt alle Orte, die über mindestens ein Restaurant der angegebenen Kategorie verfügen. Im Südwesten drängen sich die guten Restaurants, wohingegen sie im Nordosten, aber auch in weiten Teilen Bayerns und Niedersachsens, rar sind. Entlang des Rheins ist die Klientel katholisch und den kulinarischen Genüssen zugeneigt. Hier ist es wärmer, hier wächst der Wein, zu dem ein gutes Essen passt. Und natürlich ist Frankreich nahe, das Land, aus dem die Gourmets kommen – und die beiden Restaurantführer.

Quelle: Michelin und Gault Millau 2008

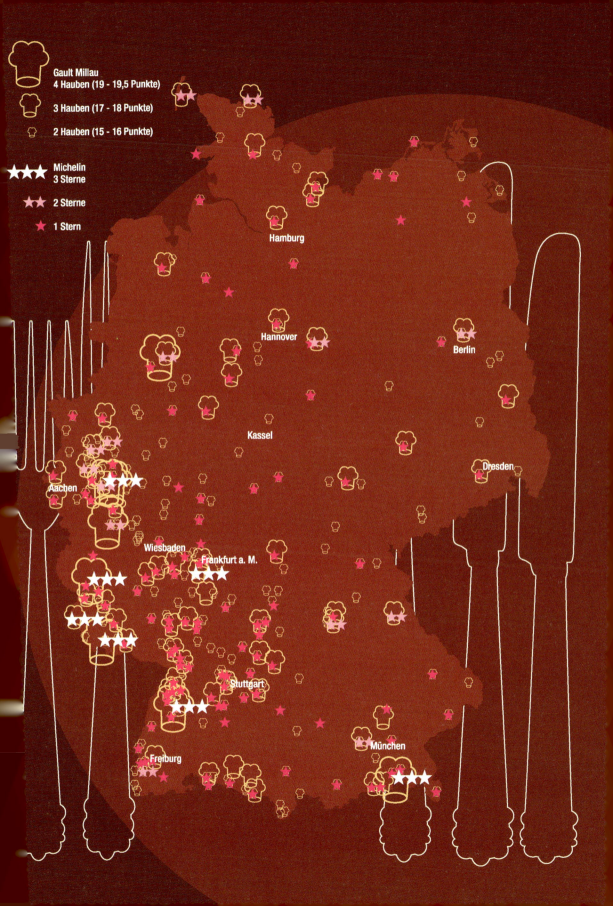

19 Limo oder Brause?

Der Limo-Äquator verläuft bei Bonn, Erfurt und Zwickau. Im Norden nennen die Deutschen das süße Fruchtgetränk eher Brause, im Süden überwiegend Limo, mit Ausnahme des Südwestens. Als lokale Brauereien vor ungefähr hundert Jahren erstmals Limonade herstellten, fand man in unterschiedlichen Regionen unterschiedliche Wörter dafür: Sprudel, Kracherl, Brause sind deutschen, Limonade ist französischen Ursprungs. Diese Namen sind bis heute geblieben – sogar Menschen, die keinen Dialekt sprechen, benutzen sie.

Quelle: Forschungsinstitut für deutsche Sprache

20 Weiße Weihnacht

Wer möchte, dass Weihnachten weiß wird, sollte – zumindest, wenn er das Fest in Deutschland verbringt – tüchtig beten. Denn Weihnachten ist in der Regel nicht weiß, vor allem dann nicht, wenn man in Leverkusen wohnt. Diese Karte zeigt, wie wahrscheinlich es im langjährigen Mittel ist, dass an mindestens einem der Weihnachtstage Schnee liegt oder Schnee fällt. Im größten Teil Deutschlands waren 20 bis 30 der letzten 100 Weihnachten weiß. Wer glaubt, in seiner Kindheit habe zum Fest immer Schnee gelegen, der verklärt entweder seine Kindheit oder hat sie im Harz, im Erzgebirge oder in Alpennähe zugebracht.

Quelle: Deutscher Wetterdienst

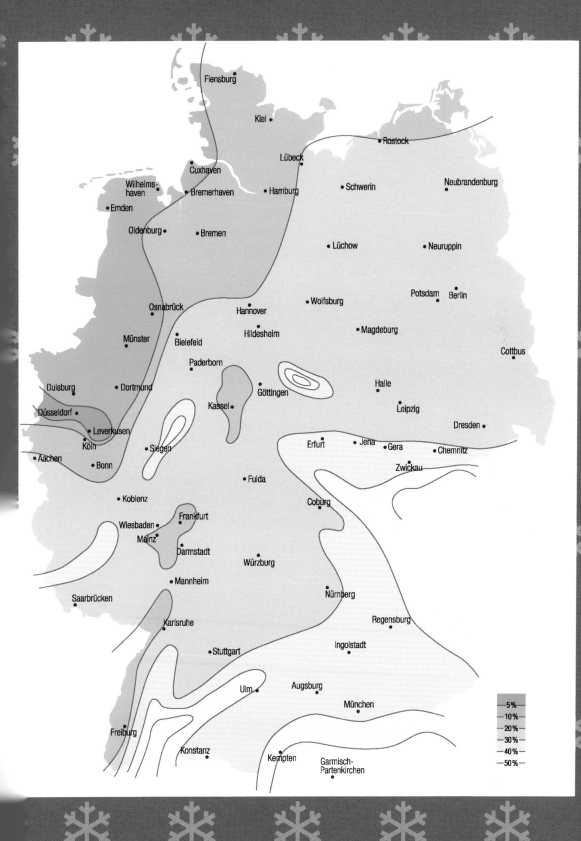

21 Playmates

München ist die Hauptstadt der Playmates. Hier wohnen sage und schreibe 25 Frauen, die sich seit 1990 für die Zeitschrift Playboy als Playmate des Monats haben fotografieren lassen. Vielleicht lebt man in München besonders freizügig, vielleicht liegt es schlicht daran, dass die Redaktion in der Stadt ist. Frankfurt am Main ist im Playboy besonders schlecht vertreten. Und das Vorurteil, wonach sich ostdeutsche Frauen besonders häufig nackt fotografieren lassen, muss, zumindest für den Playboy, als widerlegt gelten. Übrigens ist der Ort Bienenbüttel keine Altmännerphantasie, sondern niedersächsische Wirklichkeit. Und was sagt die Karte darüber, wo in Deutschland schöne Frauen wohnen? Gar nichts natürlich.

Quelle: Playboy (Stand Dezember 2007)

22 Brauereien

Wie Heranwachsende, die sich darum streiten, wer am meisten Bier verträgt, wetteifern München und Dortmund darum, wer am meisten Bier braut. Zeichnet man jedoch eine Karte aller deutschen Brauereien, so ergibt sich ein überraschendes Bierzentrum: Franken. Dort gab es, wie anderswo im Süden, im Mittelalter viele Klöster, die das Bier ins Land brachten. Dass in Franken mehr Brauereien überlebten als anderswo, liegt an den Spezialitäten dort – die andernorts keiner nachgebraut hat. Das Brauhaus Döbler in Bad Windsheim zum Beispiel verkauft Festtags-, Märzen- und Reichsstadtbier. Solche Biere sind heute wieder so beliebt wie lange nicht.

Quelle: Hoppenstedt

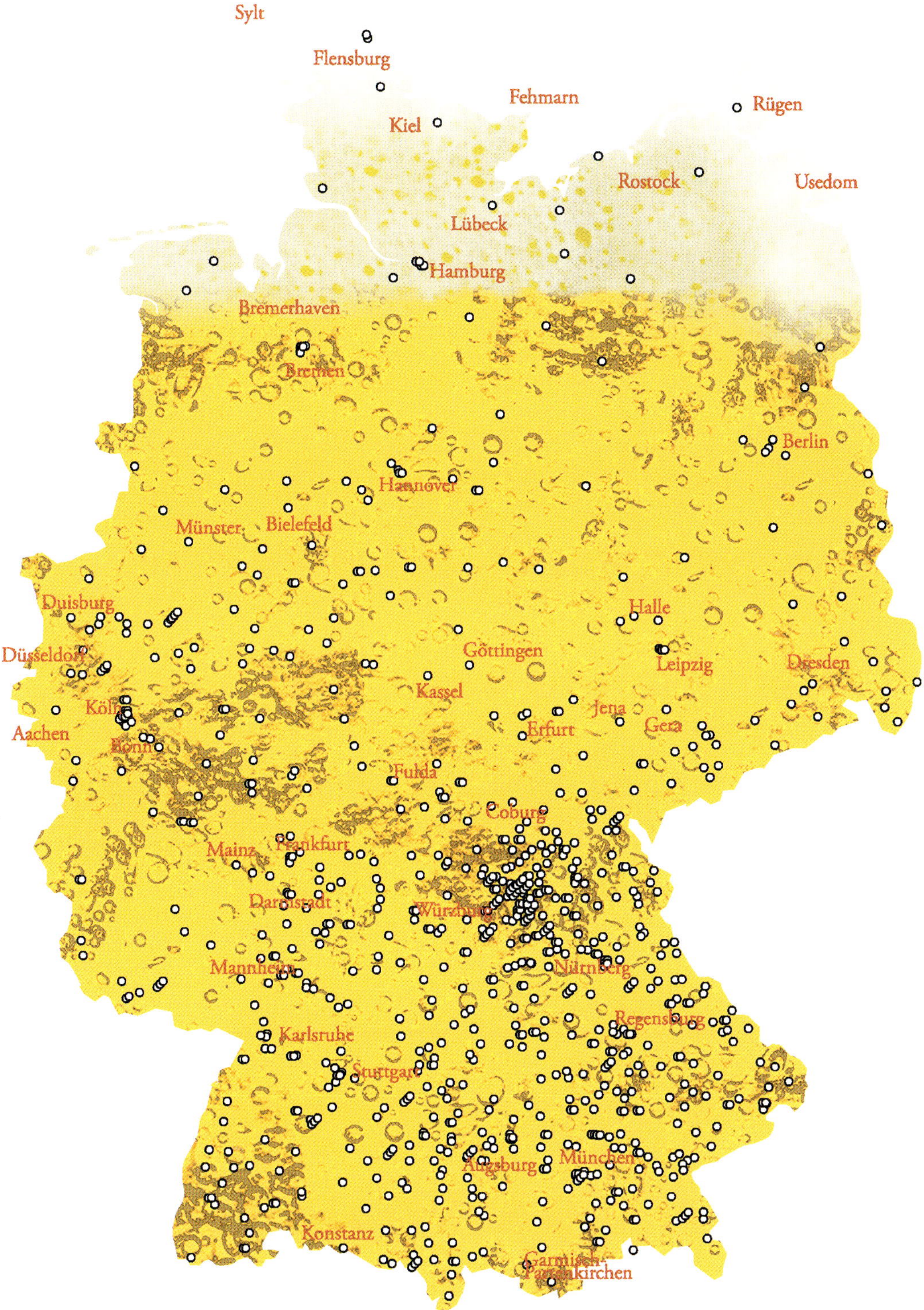

Sylt

Flensburg

Fehmarn

Kiel

Rügen

Rostock

Usedom

Lübeck

Hamburg

Bremerhaven

Bremen

Berlin

Hannover

Münster   Bielefeld

Duisburg

Halle

Düsseldorf

Göttingen

Leipzig

Dresden

Köln

Kassel

Aachen

Jena

Bonn

Erfurt

Gera

Fulda

Coburg

Mainz   Frankfurt

Darmstadt

Würzburg

Mannheim

Nürnberg

Regensburg

Karlsruhe

Stuttgart

Augsburg   München

Konstanz

Garmisch-
Partenkirchen

23 Der Tatort

Der Zuschauer eines »Tatorts« soll, so will es die ARD, nicht nur miträtseln, wer der Täter ist, er soll auch das Land bereisen, Ecken sehen, in die er sonst nie käme. Die Karte zeigt, dass das nur so mittelprächtig klappt. Lauter leere Flecken! Besonders unbeweglich sind die Kommissare des Hessischen und des Bayerischen Rundfunks: Die bleiben immer schön in Frankfurt und München. Der Osten? Fast tatortfrei. Hoffnung gibt es nur im Radio, wo seit 2008 ebenfalls ermittelt wird. Zu Ehren kommen: Magdeburg, Düsseldorf und Saarlouis. Ob sich Düsseldorf, seit elf Jahren ohne »Tatort«, an dieser Ehre erfreut, muss als ungewiss gelten.

Quelle: Leibniz-Institut für Länderkunde/
C. Hanewinkel (Stand: Januar 2007)

24 Verkehrsunfälle

Wer auf ostdeutschen Landstraßen fährt, bekommt es mit der Angst zu tun, so dicht stehen dort die Kreuze, die an Unfälle erinnern. Doch diese Kreuze stammen meistens aus der Zeit gleich nach der Wende. Inzwischen verunglücken im Osten nicht mehr Menschen als im Westen. In Bayern geschehen auffällig viele Unfälle. Vor allem in Alpennähe sind die Straßen kurviger und häufiger verschneit, und die Autos sind wohl auch etwas schneller als anderswo. Auch die Studentenstädte Freiburg und Münster haben überdurchschnittlich viele Unfälle zu beklagen. Woran es liegt? Autofahrer schätzen meistens Airbags und Gurte. Fahrradfahrer scheuen meistens den Helm.

Quelle: Kraftfahrtbundesamt

25 Karneval

Auch wenn die Menschen inzwischen in Berlin und Kiel schunkeln, so ist das Land doch noch immer ganz unterschiedlich karnevalesk. Es trennt sich in Regionen, in denen die Tradition alt ist – und andere, in denen sie noch recht frisch ist. Die Karte zeigt die jeweils ältesten Karnevalsvereine in deutschen Großstädten. Dass auch die Vereine in Köln oder Mainz noch keine 200 Jahre alt sind, ist in der wilden Vergangenheit des Karnevals begründet: Das Feiern kurz vor der Fastenzeit – fast so alt wie das Christentum selbst – wurde während der Reformation abgeschafft, 100 Jahre später auch in den katholischen Gegenden und kam erst im 19. Jahrhundert zurück als politische Folklore. Damals gründeten sich die Vereine mit Garde, Funkemariechen und Elferrat. Wer die nicht aushält, sollte über die Tage nach Nordbrandenburg flüchten.

Quelle: marktplatz-karneval.de

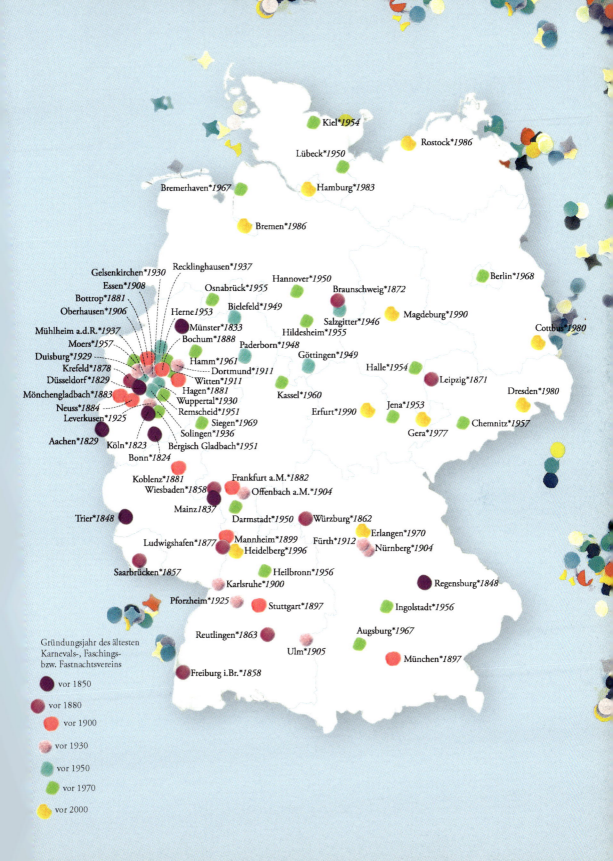

26 Filmpreise

Die meisten erfolgreichen deutschen Regisseure und Schauspieler siedeln sich früher oder später in Berlin oder München an. Aber woher stammen die in Deutschland Geborenen ursprünglich, die einen Oscar (Hollywood), einen Bären (Berlin), eine Goldene Palme (Cannes) oder den Goldenen Löwen (Venedig) gewonnen haben? Die Antwort lautet: Öfter aus dem Nordosten als aus dem Süden. Um insbesondere bei der Berlinale Erfolg zu haben, schadet es offenbar nicht, im Osten geboren zu sein. Das Bärengehege auf der Karte entspricht jedenfalls ziemlich dem Staatsgebiet der ehemaligen DDR.

Quelle: eigene Recherchen

Goldener/ Silberner Bär - Berlin

Goldene Palme - Cannes

Goldener Löwe - Venedig

Oscar - Hollywood

STRALSUND
Nadja Uhl
Schauspielerin, 2000

ROSTOCK
Jörg Pose
Schauspieler, 1989

HAMBURG
Fatih Akin
Regisseur, 2004

SCHWERIN
Katrin Saß
Schauspielerin, 1982

HANNOVER
Maria Schrader
Schauspielerin, 1999

HILDESHEIM
Wolfgang und
Christoph Lauenstein
Animationsfilmer, 1990

BERLIN
Ernst Lubitsch
Regisseur, 1947
Peter Schamoni
Regisseur, 1966
Ulrich Schamoni
Regisseur, 1967
Peter Lilienthal
Regisseur, 1979
Margarethe von Trotta
Regisseurin, 1981
Michael Verhoeven
Regisseur, 1990
Michael Gwisdek
Schauspieler, 1999
Julia Jentsch
Schauspielerin, 2005

OSTERODE
Renate Krößner
Schauspielerin, 1980

HELMSTEDT
Bibiana Beglau
Schauspielerin, 2000

MARBURG
Reinhard Hauff
Regisseur, 1986

HALBERSTADT
Alexander Kluge
Regisseur, 1968, 1982

DÜSSELDORF
Wim Wenders
Regisseur,
1982 (L), 1984 (P)

GÖTTINGEN
Julina Köhler
Schauspielerin, 1999

LEIPZIG
Emil Jannings
Schauspieler, 1929

KÖLN
Florian Henckel
von Donnersmarck
Regisseur, 2007

SANGERHAUSEN
Manfred Möck
Schauspieler, 1989

GÖRLITZ
Alfred Junge
Künstlerischer
Leiter, 1948

BONN
Horst Burbulla
Kamera-
techniker, 2005

GEORGENTHAL
Werner Schroeter
Regisseur, 1980

SUHL
Sandra Hüller
Schauspielerin, 2006

JENA
Erich Kästner
Kamera-
konstrukteur, 1993

HAINICHEN
Rainer Simon
Regisseur, 1985

DRESDEN
Robert Siodmak
Regisseur, 1955

BAD NAUHEIM
Caroline Link
Regisseurin, 2003

GERA
Andreas Dresen
Regisseur, 2002

BAD KREUZNACH
Hildegard Ebbesmeier,
Nicole Wemken,
Michael Anderer,
Udo Schauss (Schneider
Optische Werke)
Projektortechniker, 2006

STRAUBING
Thomas Stellmach
Animationsfilmer,1997

WIESBADEN
Volker Schlöndorff
Regisseur
1979 (P), 1980 (O)

MÜNCHEN
Rolf Zehetbauer
Ausstatter, 1972
Florian Gallenberger
Regisseur, 2001
Marc Rothemund
Regisseur, 2005
Moritz Bleibtreu
Schauspieler, 2006

FRANKFURT/M.
Hans Zimmer
Komponist, 1995

STUTTGART
Nina Hoss
Schauspielerin, 2007

OTTOBRUNN
Firma Denz
Kamerakonstruktion, 1996

SINGEN
Pepe Danquart
Regisseur, 1994

BAD WÖRISHOFEN
Rainer Werner Fassbinder
Regisseur, 1982

27 Wetterstädte

Jede Wetterkarte ist anders: Fernsehsender und Zeitungen entscheiden nach Gutdünken, welche Städte sie verzeichnen. Nur Berlin, München, Hamburg und, kleine Überraschung, Stuttgart sind immer dabei. Andere wären es gerne, denn auf der täglichen Wetterkarte aufzutauchen ist gut für den Ruf, glauben die Bürgermeister und betteln um einen Platz. Manche Landeshauptstädte haben es bislang noch auf keine einzige Wetterkarte geschafft. Weit gekommen ist dagegen Rostock – die Stadt fehlt nur bei RTL. Besonders eigentümlich ist das Deutschlandbild der »FAZ«: Die Zeitung ehrt gleich vier Städte, die überall sonst von der Wetter-Landkarte verschwunden sind.

Quelle: eigene Recherchen

28 Ebay

Nirgendwo kaufen und verkaufen die Menschen so viel auf Ebay wie in Nordrhein-Westfalen. Es liegt wohl daran, dass der Reichtum dort weder zu groß noch zu klein ist: Wer wenig hat, kauft und verkauft wenig, so wie im Osten. Wer viel hat, hat den Handel mit Gebrauchtem kaum nötig, so wie im Süden. Wenn in München oder Stuttgart gehandelt wird, dann vor allem mit Luxusgut – mit Sportgeräten oder Autos. Die Hamburger handeln mit Büchern. Ersatzteile gehen in Gelsenkirchen besonders gut. Im Osten wechselt eher Essenzielles den Besitzer: Babysachen, Kleider und Computer.

Quelle: Ebay

29 Jakobswege

Jakobswege in Deutschland sind ebenso beliebt wie jung. Diese Pilgerwege, die alle früher oder später zum Grab des Apostels Jakobus in Santiago de Compostela führen, sind hierzulande, anders als in Spanien oder Frankreich, keineswegs seit dem Mittelalter festgelegt. Sie wurden gerade erst mehr oder weniger frei erdacht. Das erste deutsche Wegstück wurde 1995 eröffnet. Seither hat sich ein rechtes Gestrüpp aus Jakobswegen entwickelt, alle wollen sie teilhaben an der neuen deutschen Pilgerlust. In Baden-Württemberg kreuzen sich manche Wege, nicht alle führen in Richtung Spanien, einige enden im Nirgendwo. Das kann der Apostel so nicht gewollt haben.

Quelle: Manfred Zentgraf
(Stand Januar 2008)

30 Wer wird Millionär?

Die Antwort auf die Frage, wer Millionär wird, lautet: Wer aus der west- und süddeutschen Provinz kommt. Nördlich von Münster und in der ehemaligen DDR gab es bis Anfang 2008 nie einen Millionär, weder zu D-Mark- noch zu Euro-Zeiten. Nur Jena hatte einen 500 000er. Was sind die Gründe für den geringen Kapitalfluss in den Osten? Am Wille, reich zu werden, kann es kaum liegen. Und dass die Allgemeinbildung im Westen wirklich besser ist, darf bezweifelt werden. Eher schon sind die Fragen für die Ostdeutschen zu schwer. Ein Westdeutscher würde wahrscheinlich auch nicht sonderlich gut abschneiden bei einem Quiz, dessen Fragen in, sagen wir, Leipzig ausgedacht werden.

Quelle: RTL (Stand Februar 2008)

31 Fabrikverkauf

Vor zehn, zwanzig Jahren verkaufte eine Fabrik Fehlerware billig in einem meist mit wenig Liebe eingerichteten Laden nebenan. Inzwischen ist der Fabrikverkauf zu einer deutschen Leidenschaft geworden, die so groß ist, dass es mehr Factory-Outlets gibt als Factories. Was dort verkauft wird, ist nicht mehr nur Fehlerhaftes, sondern eigens für den Fabrikverkauf Hergestelltes. Nur schwer sind auf der Karte noch die Ursprünge der Industrie zu erkennen: Schuhe aus der Pfalz, Sportartikel aus Franken und, als Kernland der Idee, die Schwäbische Alb.

Quelle: »Fabrikverkauf in Deutschland 08/09«,
Zeppelin Verlag, Stuttgart

32 Bibel-Absatz

Katholiken wie Protestanten vertrauen der Bibel, und so könnte man leicht denken, dass sie genauso häufig eine solche erwerben, sei es als Lektüre oder um im Regal einen guten Eindruck zu machen. Tatsächlich jedoch ist die Bibel in den protestantischen Gegenden eher schwer verkäuflich, im Osten, auch in Franken und in Nordwürttemberg, jedenfalls im Internetverkauf, den die Karte abbildet. Gut geht die Bibel in katholischen Gegenden. Nirgendwo ist der Bibel-pro-Seele-Wert höher als im Postleitzahlbezirk 925 in der Oberpfalz. Im Landratsamt dort ist man davon überrascht. Die Gegend sei halt recht ländlich und katholisch.

Quelle: Amazon

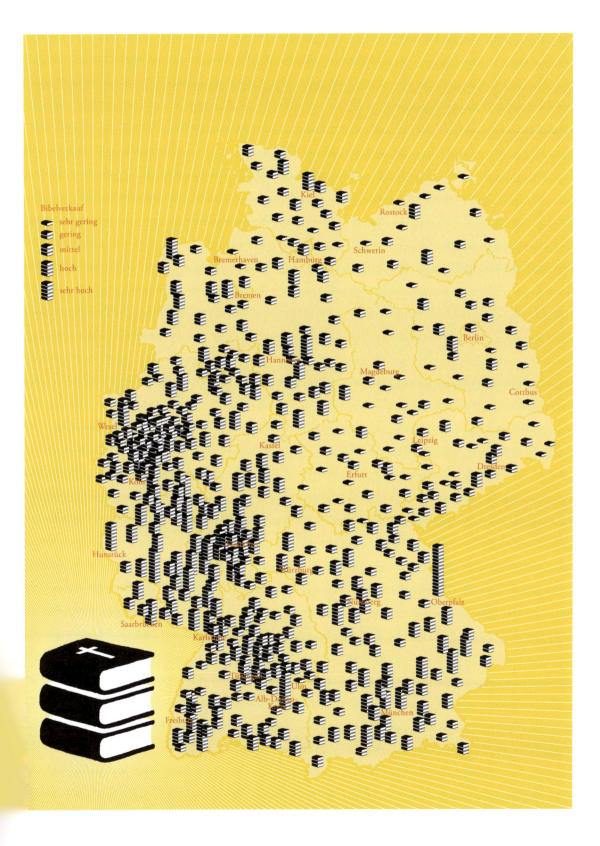

33 Birkenpollen

Pflanzen zählen die sonnigen Stunden, bevor sie sich entschließen zu blühen. So kommt es, dass die für Allergiker lästige Zeit der Birkenblüte in Deutschland unterschiedlich früh beginnt: Im warmen Rheinland schon im März, im Gebirge und im Osten erst Ende April. Entkommen kann man der Birkenpolle nirgends, der Baum wächst im ganzen Land. Dafür lässt sich mit der Karte eine Flucht planen, etwa indem man an Wochenenden Schutz im Umland sucht. Besonders einfach ist es für Kölner, die sich Ende März in der Eifel schonen können. Im Osten, wo die Unterschiede gering sind, ist es schon bedeutend schwieriger zu entfliehen.

Quelle: Deutscher Wetterdienst

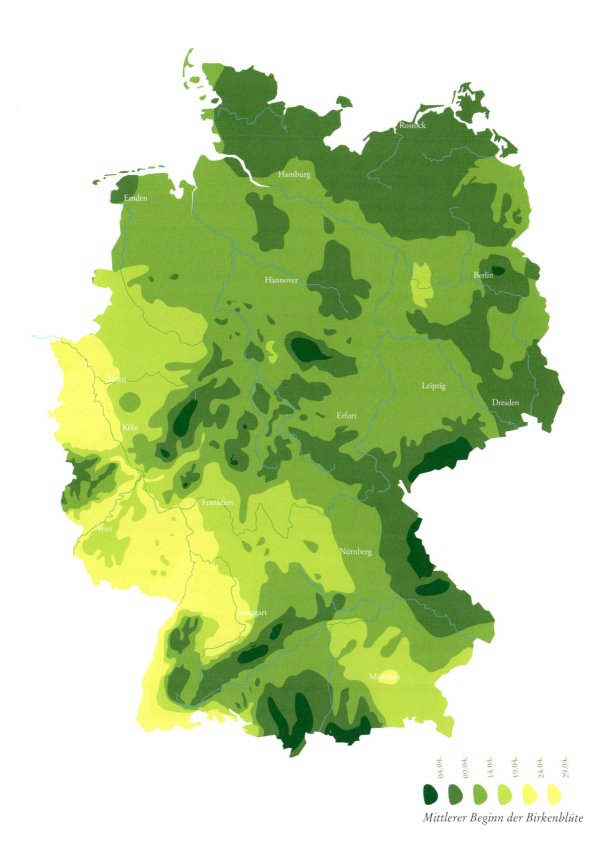

34 Vornamen

Einem beliebten Klischee zufolge nennen Eltern in Ostdeutschland ihre Kinder noch immer gerne Mandy und Kevin. In Wahrheit hat sich dort längst ein Geschmack durchgesetzt, der sich kaum noch vom westdeutschen unterscheidet. Man kann aus den Vornamen der heute Geborenen kaum noch ablesen, wo sie geboren sind. Sophie und Marie sind in Ost und West, Nord und Süd, kleinen und großen Städten beliebt. Ausnahmen muss man suchen, und die auffälligsten haben mit Religion zu tun: In Offenbach heißen die Buben oft Mohamed, in Bad Tölz Benedikt.

Quelle: Gesellschaft für deutsche Sprache

35 Starbucks

Auch wenn der Konzern inzwischen kriselt, fehlt doch kaum einer Konversation über Starbucks der Hinweis, die Kette habe sich in den vergangenen Jahren flächendeckend über das Land ausgebreitet, ähnlich einem Virus oder McDonald's. In Wirklichkeit sind nur einige Großstädte, Berlin vor allem, übersättigt mit Filialen, keineswegs aber das ganze Land. Die deutsche Provinz ist zu großen Teilen immer Starbucks-frei gewesen. Man sollte die Ausbreitung des Unternehmens, das seine Kaffeebauern schlecht bezahlt, skeptisch beobachten. Man muss es aber auch nicht größer reden, als es ist.

Quelle: Starbucks

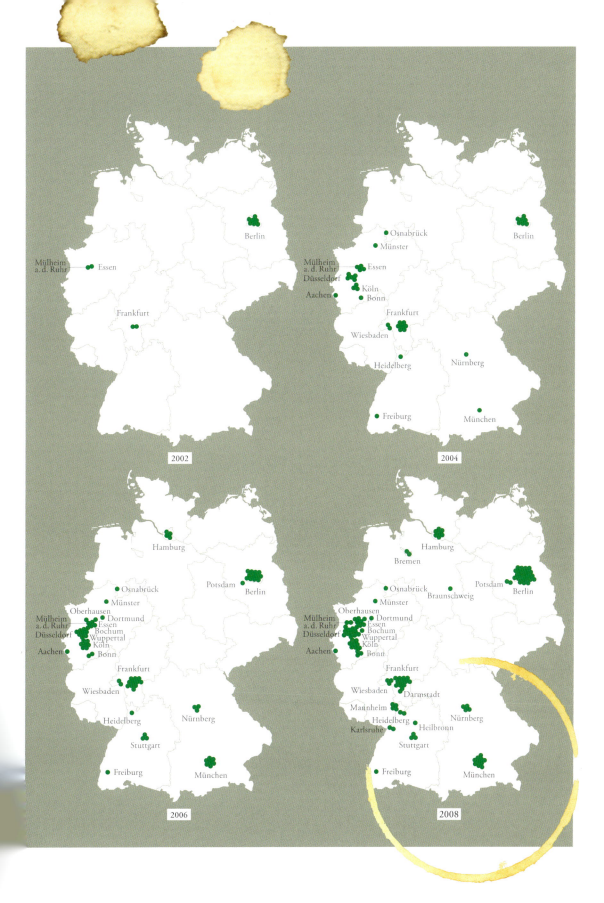

Planetarien

Wer die Sterne liebt, lebt besser im Osten. Dort stehen viel mehr Planetarien, jene Gebäude, in denen der Himmel in eine Kuppel projiziert wird. In Senftenberg, Schkeuditz oder Rodewisch sind die Planetarien größer als in Frankfurt am Main. In der DDR gab es ein Schulfach Astronomie, viele Schulen bekamen eigene Planetarien. Wer nicht verreisen durfte, sollte sich im All verlieren. Oft, wenn nach der Wende ein Planetarium schließen sollte, gründete sich ein Verein, um es zu retten. Es wäre leicht, dies als Nostalgie zu verspotten. Man könnte es auch Bürgersinn nennen.

Quelle: Andreas Scholl
(www.planetarium-online.de)

37 Theaterstücke

Die Karte zeigt, wo in Deutschland die fünf meistinszenierten Stücke aufgeführt wurden im statistisch erfassten Bühnenjahr 2005/06. Brechts Dreigroschenoper wird gerne in Thüringen und im angrenzenden nördlichen Bayern gespielt, Goethes Faust eher im Norden als im Süden des Landes, jedoch nicht in Nordrhein-Westfalen. Klamms Krieg, ein modernes Stück über einen verzweifelten Lehrer, ist dafür dort umso beliebter. Der Osten ist etwas besser versorgt als der Westen: Es gibt nur eine Stadt außer Berlin, in der vier der fünf Blockbuster gespielt wurden: Senftenberg in der Lausitz.

Quelle: Werkstatistik des Deutschen Bühnenvereins

38 Genmais

Genmais hat in Deutschland einen Ruf wie Atomkraft oder Smog – kürzlich wurde er gar auf Betreiben von Bundeslandwirtschaftsministerin Ilse Aigner verboten. Da der Anbau des Genmaises zuvor genehmigt werden musste, wusste man genau, wo er wächst. Es ließe sich spekulieren, das bei Umweltschützern und Biobauern umstrittene Getreide sei dort eine willkommene Einnahmequelle, wo die Menschen verzweifelt nach Arbeit suchen, im Osten eben. Zu einfach! Im Osten sind die Felder größer, ein Erbe der LPG, und Genmais eignet sich besonders für große Flächen. Und womöglich glaubt der Osten ein bisschen lieber an den technischen Fortschritt.

Quelle: Greenpeace (Stand Frühjahr 2008)

Blekendorf

Sanitz
Cammin Prebberede 1
Diekhof 2
Mühl Rosin 4
Reimershagen 3 5 7 6
8
Zettermin 9 11 10 Ramin
Glasow

Gransee Prenzlau
Langendorf Temnitztal 12 13 14
Iden 15 Letschin
Wriezen 16 Gusow-Platkow
Neustadt am Prötzel 17 Seelow
Rübenberge Wedemark Grassau Garzau-Garzin 18 Lebus

Sickte Söllingen Magdeburg
Hohenhameln Güterglück Jessen
Ausleben 19 20 (Elster)
Ballenstedt 21 22 Lebusa Forst
23 Neuhausen
24 (Spree)
Kleinpaschleben 25 26 Arzberg Sonnenwalde
27 Zabeltitz 28 Wiednitz
Straußfurt Wildenhain 29 Bernsdorf
Großfahner Schkopau Ebersbach 30 Steina
Dachwig Buttelstedt Nossen Pulsnitz
Gierstädt Dresden Ottendorf-Okrilla
Friemar Schmölln

Elbsdorfergrund

Mainstockheim
Groß-Gerau
Biebelried Schwarzach a. M.
Großlangheim Kleinlangheim

Willanzheim

Haßloch

Kaisheim
Oberboihingen Manching Künzing
Burgheim

Fürstenfeldbruck Erding
Poing

Anbaugebiet
über 10 Hektar

Anbaugebiet
bis 10 Hektar

1 Murchin
2 Boldekow
3 Groß Roge
4 Woggersin
5 Ivenack
6 Trollenhagen
7 Blankenhof
8 Neuenkirchen
9 Kublank
10 Mildernitz
11 Cölpin

12 Löwenberger Land
13 Liebenwalde
14 Bad Freienwalde
15 Oderau
16 Neutrebbin
17 Oberbarnim
18 Neuhardenberg

19 Dornbock
20 Drosa
21 Pobzig
22 Bernburg
23 Köthen
24 Görzig
25 Zehbitz
26 Bad Düben
27 Laußig
28 Tauscha
29 Moritzburg
30 Radeburg

39 Städte-Hits

Auf diesem Bild sieht Berlin endlich einmal aus wie die unumstrittene deutsche Hauptstadt: Die Karte zeigt alle Songs, die Städtenamen im Titel tragen und es als Singles unter die besten hundert geschafft haben (Grönemeyers *Bochum* gab es nie als Single; es fehlt darum auf der Karte). Keine andere deutsche Stadt wurde seit Einführung der Single-Charts 1959 auch nur annähernd so oft besungen wie Berlin. Das kann unmöglich nur an der Einwohnerzahl liegen (siehe München, Millionenstadt: ohne Hit), auch nicht an der politischen Bedeutung (siehe Bonn, Ex-Hauptstadt: ohne Hit). Wer einer Stadt ein Lied vermacht, muss ein starkes Gefühl für sie hegen.

Quelle: Media Control (Stand Mai 2008)

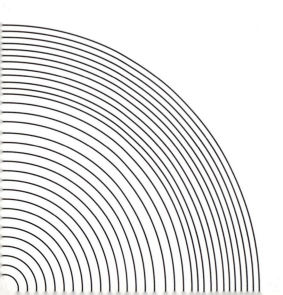

40 Stadtfiguren

Die Karte zeigt die Verbreitung einer recht jungen Spezies: Ende der Neunziger wurden bunt angemalte Plastikfiguren erstmals in einer deutschen Fußgängerzone gesichtet. Angemalte Löwen sollten für Saarbrücken werben. Bürgermeister anderer Städte mochten das, hielten es gar für Kunst, und so hat sich das Plastiktier vermehrt. Es zeigt sich, dass es zwei Ballungsräume der Plastiktiere gibt: das Ruhrgebiet und Baden-Württemberg. Hessen, Mecklenburg-Vorpommern und Thüringen hingegen blieben frei von allem Plastikgetier im öffentlichen Raum. Dies soll auf keinen Fall als Aufforderung an die dortigen Lokalpolitiker missverstanden werden.

Quelle: eigene Recherchen

Neumünster
2005

Hamburg
2003

Lüneburg
2000

Walsrode
2002

Hannover
2004

Berlin
2001

Warendorf
2007

Hameln
2004

Magdeburg
2002

Wesel
2007

Gelsen-
kirchen
2007

Hamm
2004

Ober-
hausen
2002

Dortmund
2006

Leipzig
2002

Mülheim an der Ruhr
2002

Düssel-
dorf
2001

Wuppertal
2006

Aachen
2006

Bad Honnef
2005

Köln
2007

Worms
2007

Schweinfurt
2006

Saarbrücken
1999

Heilbronn
2008

Kaiserslautern
2001

Vaihingen
2007

Ellwangen
2000

Stuttgart
2007

Heidenheim
2006

Pforzheim
2005

Freising
2003

Leonberg
2006

Holz-
gerlingen
2007

Augsburg
2008

Trossingen
1997

Ulm
2001

Singen
2004

Bad Saulgau
Mengen
Riedlingen
Munderkingen
Bad Waldsee
2005

München
2005

Konstanz
2005

Tettnang
2006

Friedrichs-
hafen
2008

Lindau
2000

41 Buga

Die Bundesgartenschau ist eine wichtige deutsche Institution, das merkt man schon am ersten Teil des Wortes. Was so anfängt, ist staatstragend, ähnlich wie Bundeskanzler, Bundesliga oder Bundesjugendspiele. Alle zwei Jahre zeigt eine Stadt auf einer großen Fläche Blumen. Die Idee wurde im Nachkriegsdeutschland geboren, damals war das Land an vielen Ecken kaputt, und man sehnte sich nach einem schönen Garten, nach einem kleinen Paradies, wenigstens für einen Ausflugstag. Die ersten Blumenschauen fanden allesamt in Städten statt, wo die Kriegsbomben heftigen Schaden hinterlassen hatten. Die Idee hat auch die siebziger und achtziger Jahre überlebt, in denen Gartengrün als spießig verpönt war. Seit der Wende haben mehr ostdeutsche Städte eine Bundesgartenschau ausgerichtet als westdeutsche Städte. Die Bundesgartenschau 2009 findet in Schwerin statt. Im Osten ist einfach mehr Platz für Blumen, und die Sehnsucht nach Beschaulichkeit scheint groß, ähnlich wie damals in den Fünfzigern.

Quelle: Deutsche Bundesgartenschau-
Gesellschaft (Stand Mai 2008)

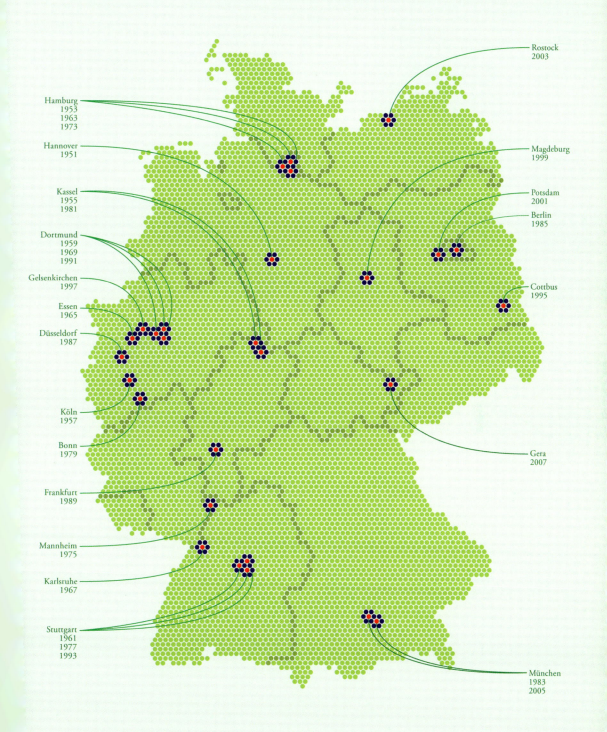

42 Blogs

Anders als dem alten Medium Zeitung ist es dem jungen Medium Blog ziemlich egal, wo es entsteht. Zeitungen enthüllen ihre Herkunft meist schon im Namen (Stuttgarter, Mainzer, Potsdamer), Blogs hingegen verstecken sie im Impressum, wenn sie sie nicht sogar ganz verheimlichen, wie etwa der Blog »Buchhändleralltag und Kundenwahnsinn«. So ist zu verstehen, dass das Gerücht entstand, erfolgreiche Blogger stammten mehrheitlich aus kleinen Städten. Dies passte zum Selbstverständnis vieler Blogger: Wir Kleinen gegen die geballte Medienmacht! Wahr ist: Der erfolgreichste Blog, der Basic Thinking Blog (auf ihn wurde im Mai 2008 in fast 1959 anderen Blogs hingewiesen), wird in 61250 Usingen geschrieben. Auf Plätzen danach folgen allerdings vor allem Blogs aus Berlin, Hamburg, Düsseldorf und München, alles Zentren traditioneller Medien. Ein Grund dafür könnte sein, dass vor allem Journalisten Gefallen finden an der Idee, so viel schreiben zu dürfen, wie sie wollen.

Quelle: Deutsche Blogcharts
(Stand: 14. Mai 2008)

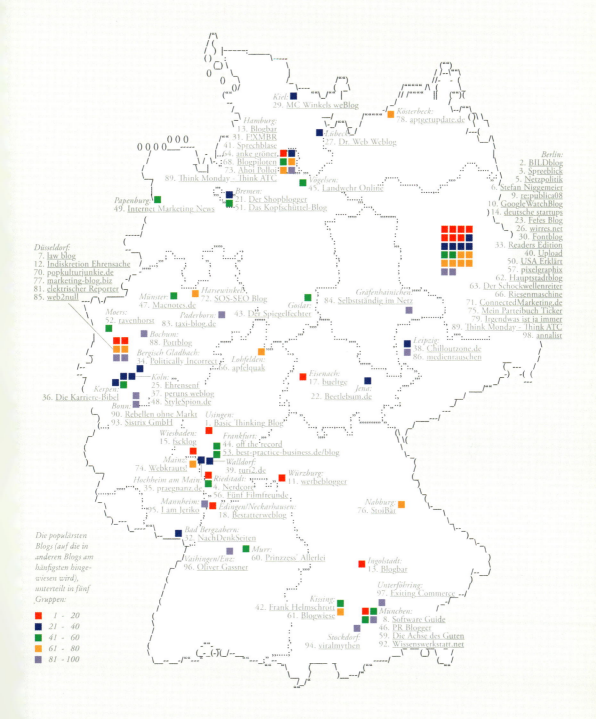

43 Bahnhöfe

Ginge es der Bahn nur ums Geld, sie hätte so wenige Bahnhöfe, wie es Flughäfen in Deutschland gibt. Mit jedem Stopp in einem Bahnhof, in dem kaum jemand einsteigt, macht die Bahn tüchtig Miese. Darum lässt die Bahn ihre großen, schnellen Züge in immer weniger Städten halten. Für die Menschen, die in den abgehängten Orten wohnen, ist das natürlich schade: Eben noch hatten sie das Gefühl, ein bisschen Nabel Deutschlands zu sein, und jetzt schon halten nur noch Bummelzüge. Das ist eine Schmach selbst für Menschen, die nur Auto fahren. Es traf in den letzten Jahren besonders viele Städte in Sachsen und außerdem am Rand Deutschlands, die ja eigentlich schon genug Probleme haben. Die Bahn tröstet diese Städte, indem sie, ähnlich wie die Lufthansa, neuerdings ICE-Züge nach ihnen benennt. Und so gibt es seit einer Zugtaufe vom 7. Juli 2007 einen ICE Landshut, der gar nicht in Landshut hält.

Quelle: KCW (Stand Juni 2008)

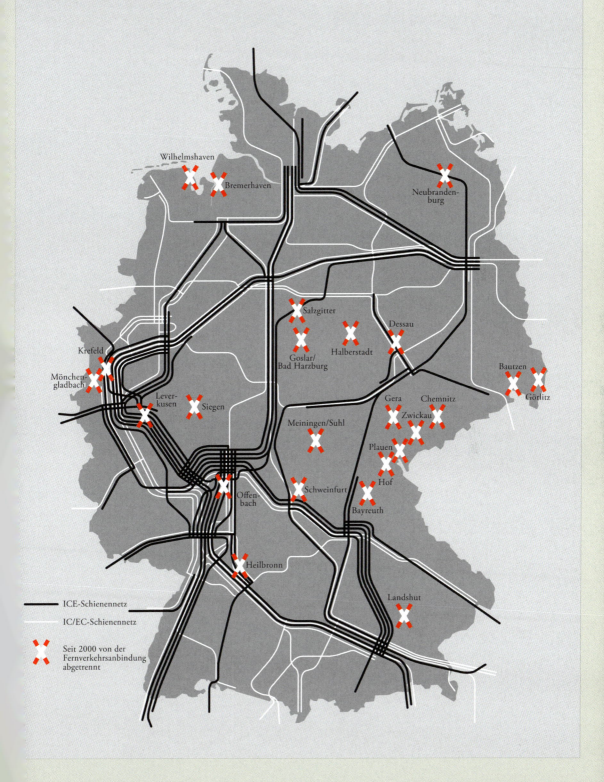

44 Kartenspiele

Das Schöne an den in Deutschland erfundenen Kartenspielen wie Skat oder Doppelkopf im Vergleich zum in Amerika groß gewordenen Pokerspiel: Man muss in keine albernen Sonnenbrillen blicken und verjubelt weniger schnell seine Barschaft. Trotzdem ist Poker zurzeit auch in Deutschland beliebter. Das könnte daran liegen, dass es in Zeiten, wo Menschen öfter die Stadt wechseln, schwierig geworden ist, genügend Spieler zu finden, die dasselbe Spiel beherrschen. Denn jede Region hat ihr Lieblingsspiel, oft mit eigenen Karten, zum Teil seit Jahrhunderten. Die Vorlage zu dieser Deutschlandkarte stammt übrigens von einem Spielkartenhersteller. Dessen Außendienstler haben in jahrelanger Kleinarbeit notiert, in welchem Landstrich welche Spielkarten verlangt werden. Nüchtern betrachtet, ähneln sich Skat, Doppel- und Schafkopf ziemlich. Es wäre also eine gute Idee, sich auf ein gemeinsames Spiel zu einigen. Wer aber jemals Skatspieler erlebte, wie sie noch nach Stunden um einen Spielzug streiten, ahnt, weshalb aus dieser Idee vermutlich nie etwas wird.

Quelle: ASS Spielkarten Verlag

45 Strandbäder

Wenn sich Menschen verlieben, steuern sie in vielen Fällen natürliche Badegewässer an, um an deren Ufer zu picknicken und sich zuzuhören. Wie viele Lieben verdanken ihren Beginn einem See oder Fluss! Freibäder sind nur für Menschen, die jünger als 15 Jahre alt sind, romantische Orte. Für alle anderen Menschen sind sie Orte des Schreckens. Es ist also nicht unerheblich, in seiner Nähe ein Strandbad zu haben, eines, in dem Wasser so sauber ist, dass man sich dort hineinbegeben kann, ohne dass die Haut unschöne Pusteln bekommt, und in dem es nicht allzu unangenehm riecht. Dabei sind die Menschen im äußersten Süden und im äußersten Norden des Landes klar im Vorteil. Im Norden, zwischen Kiel und Hamburg, ist die Qualität vieler Badeseen schlecht, ganz so, als wollten die Seen den Badewilligen sagen: Geht ans Meer! Was kein schlechter Ratschlag ist; andererseits sind Nord- und Ostseebäder mit ihren Strandkörben in den Sommermonaten Orte, die oft nur von Menschen über 65 Jahren als romantisch empfunden werden.

Quelle: Europäische Kommission
(Bathing water results 2007)

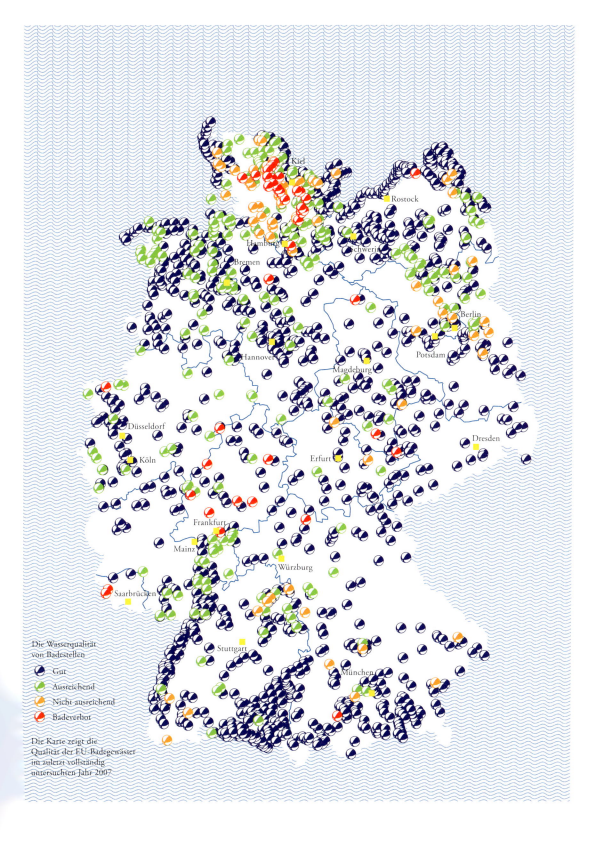

46 Autobahnkirchen

Früher baute man Kirchen mitten ins Dorf, drum herum blühte das Leben. Seit diese Gebäude ihre anziehende Wirkung mehr und mehr verlieren, muss sich die Kirche etwas einfallen lassen. Und so gibt es Autobahnkirchen. Sie sollen Reisenden spontan Lust auf ein Gebet machen, so wie Drive-ins spontanen Appetit auf Hamburger wecken. Neuerdings ist es für Gotteshäuser eine glückliche Fügung, direkt an einer Autobahn zu liegen. So können sie dem Schicksal der Schließung entgehen. Die meisten der 32 Kirchen sind nach 1990 erbaut. Im Osten ließen sich besonders viele Gemeindekirchen zu Autobahnkirchen umtaufen, deshalb sind diese dort häufiger als in Bayern und Baden-Württemberg. In Hessen spendiert der Chef einer Rasthofkette bei jedem Neubau eine Kirche dazu. Diese haben fast identische Architekturen, als solle sich der Reisende in jeder Kirche gleich heimisch fühlen – eine Idee, die ebenfalls von Hamburger-Verkaufsstätten abgeschaut sein könnte.

Quelle: Die Akademie Bruderhilfe – Familienfürsorge

Autobahnkirche Kavelstorf
A 19 | Ausfahrt Kavelstorf

Werbellin
A 11 | Ausfahrt Werbellin

Jesus – Brot des Lebens
A 31 | Rastplatz Heseper Moor

Dammer Berge
A 1 | Rasthaus Dammer Berge

Sankt Benedikt
A 2 | Ausfahrt Irxleben/Hohenwarsleben

Duben
A 13 | Ausfahrt Duben

St. Antonius
A 31 | Ausfahrt Gescher/Coesfeld

Exter
A 2 | Ausfahrt Exter

St. Petri/Brumby
A 14 | Ausfahrt Calbe

Brehna
A 9 | Ausfahrt Halle

Roxel
A 1 | Raststätte Münsterland

Hessisch Lichtenau
A 44 | Autohof Werra-Meißner

Peter und Paul
A 4 | Ausfahrt Uhyst am Taucher

Geismühle
A 57 | Raststätte Geismühle

Diemelstadt
A 44 | Ausfahrt Diemelstadt

St. Pancratius Rothenschirmbach
A 38 | Ausfahrt Lutherstadt Eisleben

St. Raphael
A 57 | Raststätte Nievenheim

Kirchheim/Hessen
A 7 | Ausfahrt Kirchheim

Gelmeroda
A 4 | Ausfahrt Weimar

St. Jacobi, Wilsdruff
A 4 | Ausfahrt Uhyst am Taucher

Schwabhausen
A 4 | Ausfahrt Gotha

Schlüchtern
A 66 | Ausfahrt Schlüchtern-Nord

Autobahnkirche St. Christophorus Himmelkron
A 9 | Ausfahrt Bad Berneck/Himmelkron

Medenbach
A 3 | Raststätte Medenbach

Waldlaubersheim
A 61 | Ausfahrt Waldlaubersheim

Licht auf unserem Weg
A 3 | Ausfahrt Geiselwind

Autobahnkirche Waidhaus
A 6 | Ausfahrt Waidhaus

Maria, Schutz der Reisenden
A 8 | Ausfahrt Adelsried

St. Christophorus Baden-Baden-Sandweier
A 5 | Raststätte Baden-Baden

Maria am Wege
A 96 | Ausfahrt Windach bzw. Schöffelding

Emmauskapelle
A 81 | Raststätte Im Hegau

Galluskapelle
A 96 | Rastplatz Winterberg

——— Autobahn

········· Autobahn im Bau

– – – Autobahn in Planung

■ Evangelische Kirche

■ Katholische Kirche

■ Ökumenische Kirche

47 Ambrosie

Die Vorlage zu dieser Karte ist ein Werk von vielen hundert Pflanzenliebhabern, die, wann immer sie eine Beifuß-Ambrosie gesichtet haben, dies dem Julius-Kühn-Institut meldeten. Die Ambrosie ist neuerdings eine Plage, ihre Pollen lösen heftige Allergien aus. Hauptfundstätten sind der Süden Deutschlands, dazu Berlin, Dresden und die Niederlausitz. Die Pflanze verbreitet sich vor allem dadurch, dass ihre Samen mit Vogelfutter aus Ungarn eingeschleppt werden. Sie gedeiht am besten dort, wo es warm ist, beispielsweise am Rhein und in den Großstädten, wo der Mensch die Temperatur hochtreibt. Auch Sandboden, auf dem sonst nicht viel wächst, begünstigt die Verbreitung der Ambrosie, damit sind die vielen Funde in Berlin und Dresden zu erklären. In der Niederlausitz wuchert die Pflanze so gut wie nirgendwo sonst, und hier bereits seit 40 Jahren. Es gab wohl einst einen großen Samenexport von Ungarn in die DDR. So sorgt die sozialistische Freundschaft von damals heute für blühende Landschaften.

Quelle: Julius-Kühn-Institut

48 Opernbesucher

Deutschland ist reich an Opernhäusern, so reich wie kein anderes Land der Welt. Denn als die ersten Häuser nach italienischem Vorbild entstanden, war das Land in Fürstentümer klein zergliedert, und jedes Fleckchen wollte sein eigenes Haus, vor allem im heutigen Thüringen und Sachsen war das so. Die meisten Spielstätten haben überlebt. Das Problem ist nur: Sie sind nicht mehr sonderlich gut besucht. Am besten ergeht es noch jenen in Dresden, München und Stuttgart. Tendenziell sind die süddeutschen Opern besser gefüllt als die norddeutschen, offenbar ist dort das klassikinteressierte Bürgertum etwas zahlreicher. Dafür sind die Opernhäuser in der Nordhälfte häufiger zu finden. Wer auf die Idee käme, ein paar davon zu schließen, würde auch am Widerstand jener Lokalpolitiker scheitern, die sich beim Besuch der heimischen Bühne ein bisschen fühlen dürfen wie Angela Merkel in Bayreuth.

Quelle: Leibniz-Institut für Länderkunde,
R. Kazig / A. Schweitzer

49 Geistesschulen

Wer es schafft, die Karte links auswendig zu lernen, kann auf der nächsten Party oder Vernissage mächtig Eindruck schinden, indem er Gäste mit dem Wissen über eine in deren Heimat ansässige Geistesschule überrascht. Zur wissenschaftlichen Analyse dagegen eignet sich die Karte weniger, denn man kann aus der Lage der Denk-, Maler- und Wissenschaftsschulen nur sehr bedingt schließen, welche Region geistig besonders potent ist, schließlich bestimmte der Zufall, ob sich ein Kreis von Künstlern oder Denkern nach ihrer Stadt benannte (oder benannt wurde); so hätte sich der Blaue Reiter ohne weiteres »Neue Münchner Schule« nennen können. Wenn sich heutzutage eine Gruppe als »Schule« bezeichnet, dann ist entweder Ironie oder Wichtigtuerei im Spiel. Weshalb Sportreporter übrigens dazu neigen, zwei oder drei halbwegs talentierte Fußballer aus Mönchengladbach als »Gladbacher Schule« zu bezeichnen. Diese Sportreporter gehören zumeist der »Alten Kölner Schule« (um H. Faßbender und S. Simon) an.

Quelle: eigene Recherchen

❶ Berliner Schule (Film), der Begriff fällt häufig im Zusammenhang mit den Regisseuren C. Petzold, T. Arslan und A. Schanelec. Die Absolventen der Deutschen Film- und Fernsehakademie Berlin machen seit Mitte der 1990er Jahre durch einen neuen Stil auf sich aufmerksam. Ihre Porträts der Mittel- bis Unterschicht zeichnen sich unter anderem durch Realismus und eine reduzierte Bildsprache aus. **❷ Berliner Schule (Musik),** steht sowohl für die Komponistengruppe der „Norddeutschen Schule" als auch für die beiden „Berliner Liederschulen" aus der zweiten Hälfte des 18. Jahrhunderts. Während der Fokus der Ersteren auf Instrumentalmusik liegt, vertritt Letztere ein neues, schlichtes Liedideal. **❸ Berliner Schule (Psychologie),** meint die von W. Köhler, M. Wertheimer, K. Koffka und K. Lewin in den 1920er Jahren begründete Richtung der Psychologie. **❹ Bielefelder Schule (Geschichtswissenschaften),** bezeichnet eine (durch J. Kocka und H.-U. Wehler) sozialwissenschaftlich geprägte Richtung der deutschen Geschichtswissenschaften. Sie betrachtet nicht tragende Rollen von Einzelpersonen, sondern untersucht deren gesellschaftliche Bedingungen. **❺ Bielefelder Schule (Soziologie),** die von N. Luhmann entwickelte Systemtheorie. **❻ Darmstädter Schule (Musik),** umfasst die Komponistengruppe von P. Boulez, K. Goeyvaerts, L. Nono und K. Stockhausen, die Anfang der 1950er Jahre Konzepte und Methoden serieller Komposition erarbeitete. **❼ Erlanger Schule (Philosophie),** steht für eine Richtung der konstruktivistischen Wissenschaftstheorie um P. Lorenzen und W. Kamlah. **❽ Düsseldorfer Schule (Kunst),** die Malerschule mit Künstlern wie K. Sohn, C.F. Lessing, E. Bendemann, J.P. Hasenclever und J.W. Schirmer formiert sich von 1826 an unter W. v. Schadow an der Düsseldorfer Akademie. **❾ Frankfurter Schule (Kritische Theorie),** bezeichnet einen Zirkel von Sozial- und Kulturwissenschaftlern (u. a. F. Weil, C. Grünberg, M. Horkheimer, T. W. Adorno, W. Benjamin, E. Fromm, L. Löwenthal, H. Marcuse, F. Pollock, J. Habermas), die etwa seit Beginn der 1930er Jahre am Frankfurter Institut für Sozialforschung die kritische Gesellschaftsanalyse praktizierten um P. Lorenzen. **❿ Neue Frankfurter Schule (Satire),** so nannten sich Redakteure (B. Eilert, B. Pfarr, C. Poth, E. Henscheid, F. W. Bernstein, F. K. Waechter, H. Traxler, P. Knorr, R. Gernhardt) der Satire-Zeitschrift »Pardon« und später der »Titanic« in Anlehnung an die Kritische Theorie. **⓫ Freiburger Schule (Neoliberalismus),** heißt eine in den 1930er Jahren an der Freiburger Universität von W. Eucken, H. Grossmann-Doerth und F. Böhm entwickelte wirtschaftspolitische Lehre. **⓬ Hamburger Schule (Musik),** fasst deutschsprachige Bands zusammen, wie etwa Cpt. Kirk &, Blumfeld, Die Sterne und Tocotronic. Sie waren besonders Mitte der 1990er Jahre erfolgreich. **⓭ Heidelberger Schule (Psychosomatik),** wurde begründet von den Medizinern L. v. Krehl, V. v. Weizsäcker und R. Siebeck, die sich erstmals auch in sozialer und psychischer Hinsicht mit dem Patienten beschäftigen. **⓮ Heidelberger Schule (Philosophie),** eine Richtung des Neukantianismus. **⓯ Kölner (Maler-)Schule (Kunst),** fasst von cirka 1300 bis ins 16. Jahrhundert im Umkreis von Köln wirkende Maler zusammen. Stilistisch zeichnen ihre Werke Detailreichtum und feine Gesichtszüge aus. Der Engel ist ein häufiges Motiv. **⓰ Konstanzer Schule (Philosophie),** bezeichnet einen Ansatz der Rezeptionsästhetik, der den Leser ins Zentrum der literaturwissenschaftlichen Forschung rückt.

⓱ Leipziger Schule (Psychologie), meint die Anfang des 20. Jahrhunderts von F. Krueger begründete und durch O. Klemm, F. Sander, H. Volkelt und A. Weller weiterentwickelte Richtung der Ganzheitspsychologie. **⓲ Leipziger Schule (Kunst),** fasst eine Reihe Leipziger Maler zusammen, die seit Anfang der 1970er Jahre international Beachtung fanden (B. Heisig, W. Tübke, W. Mattheuer, D. Burger, G. Thiele, H. Ebersbach, W. Peuker, V. Stelzmann, A. Rink und S. Gille). Gemeinsam sind ihnen eine figurative Ausbildung und ihre Lehrtätigkeit an der Leipziger Hochschule für Grafik und Buchkunst. Sie distanzierten sich vom sozialistischen Realismus sowjetischer Prägung. Stilistische Merkmale sind die zeichnerische Prägung und die Vorliebe für Symbole und Gleichnisse. **⓳ Neue Leipziger Schule (Kunst),** entsteht in den 1990er Jahren und umfasst Absolventen der Leipziger Hochschule für Grafik und Buchkunst (etwa N. Rauch, T. Eitel, M. Weischer, D. Schnell, C. Ruckhäberle). Gemeinsames Merkmal ist ihre Vorliebe für gegenständliche Malerei. **⓴ Mannheimer Schule (Musik),** bezeichnet einen Musiker- und Komponistenkreis (J., C. und A. Stamitz, I. Holzbauer, F. X. Richter, J. A. Filtz, C. G. Toeschi, J. C. Cannabich und F. I. Danzi) am Hofe des pfälzischen Kurfürsten Karl Theodor in Mannheim gegen Mitte des 18. Jahrhunderts. **㉑ Marburger Schule (Philosophie),** steht für eine Ende des 19. Jahrhunderts von H. Cohen und P. Natorp entwickelte Richtung des Neukantianismus. **㉒ Münchner Schule (Kunst),** fasst den Stil der Münchner Malerei im 19. Jahrhundert zusammen, die zunächst unter Ludwig I. zu internationalem Ansehen gelangte und dann im Umfeld der Akademie ihre Blütezeit erlebte – mit K. v. Piloty, W. v. Diez, H. Makart, F. von Defregger, N. Gysis und F. von Lenbach. Sie bevorzugten die Landschafts-, Stillleben- und Porträtmalerei. **㉓ Reichenauer (Maler-)Schule (Kunst),** bezeichnet eine ottonische Handschriftengruppe (etwa 950–1150). Ihre Mitglieder waren Mönche des Klosters auf der Insel Reichenau. **㉔ Trierer Schule (Kunst),** steht für ottonische Buchmalerei, Elfenbeinschnitzerei und Goldschmiedekunst unter Erzbischof Egbert von Trier in der zweiten Hälfte des 9. Jahrhunderts. **㉕ Tübinger Schule (Theologie),** umfasst sowohl eine Richtung evangelischer als auch eine katholischer Theologie, die sich gegen Ende des 19. Jahrhunderts an der Universität Tübingen entwickelten. Die erste (um G. W. F. Hegel und F. D. E. Schleiermacher) etablierte die historische Quellenkritik in der Theologie, die zweite (um J. S. v. Drey, J. B. v. Hirscher und J. A. Möhler) setzte sich zudem für einen gemäßigten Traditionalismus ein. **㉖ Ulmer Schule (Kunst/Design),** bezeichnet entweder Ulmer Künstler der Spätgotik oder aber die Ulmer Hochschule für Gestaltung, die 1955 als private Einrichtung gegründet wird und die in den 1960ern das Bauhaus weiterentwickelte. **㉗ Weimarer (Maler-) Schule (Kunst),** meint die von Großherzog Karl Alexander von Sachsen-Weimar 1860 in Weimar gegründete Großherzogliche Kunstschule zu Weimar. Ihre Vertreter (u. a. K. Buchholz, S. von Kalckreuth, M. Liebermann und C. Rohlfs) etablierten zwischen 1860 und 1890 vor allem auf dem Gebiet der Landschaftsmalerei einen neuen Realismus. **㉘ Wessobrunner Schule (Architektur),** bezeichnet Wessobrunner Stuckateure und Baumeister (wie J. G. Üblhör und J. G. Dir) oder ganze Familien (Zimmermann, Feuchtmayer, Schmuzer). Diese wirkten in Süddeutschland von etwa 1600 bis 1800. **㉙ Würzburger Schule (Psychologie),** steht für einen Zweig der Psychologie, der zu Beginn des 20. Jahrhunderts entstand und sich auf die Erforschung von Denk- und Willensvorgängen und dem Gedächtnis konzentriert.

50 Öl- und Gasvorräte

Lange Zeit war es ziemlich egal, wo in Deutschland Öl oder Gas unter der Erde lagerte. Unser Öl und unser Gas kamen zumeist aus dem Ausland, hier größere Mengen zu fördern wäre zu aufwendig gewesen, zu spärlich sind die Reserven, verglichen mit denen in, sagen wir, Russland, den USA oder Saudi-Arabien. Da das Öl zwischenzeitlich aber extrem teuer war und das Gas aus Russland zu versiegen droht, ist es inzwischen interessant, die Rohstoffkarte zu betrachten und sich zu überlegen: Habe ich da nicht ein bisschen Land? Überall, wo die Karte schraffiert ist, können sich Öl- und Gasquellen befinden. Allerdings bringt Landbesitz noch lange keinen Reichtum: Denn das Öl und Gas in der Erde gehört in der Regel nicht dem Landbesitzer, sondern dem Staat. Nur wer noch einen Kaufvertrag aus Vorkriegsjahren hat, kann auf Reichtum hoffen. Alle anderen können höchstens daran verdienen, ihr Gelände an einen Ölförderer zu verpachten. Wer etwa in Nordthüringen wohnt, sollte sich nicht übers Ohr hauen lassen, wenn plötzlich ein Exxon-Mitarbeiter an der Tür klingelt.

Quelle: Niedersächsisches Landesamt für Bergbau,
Energie und Geologie

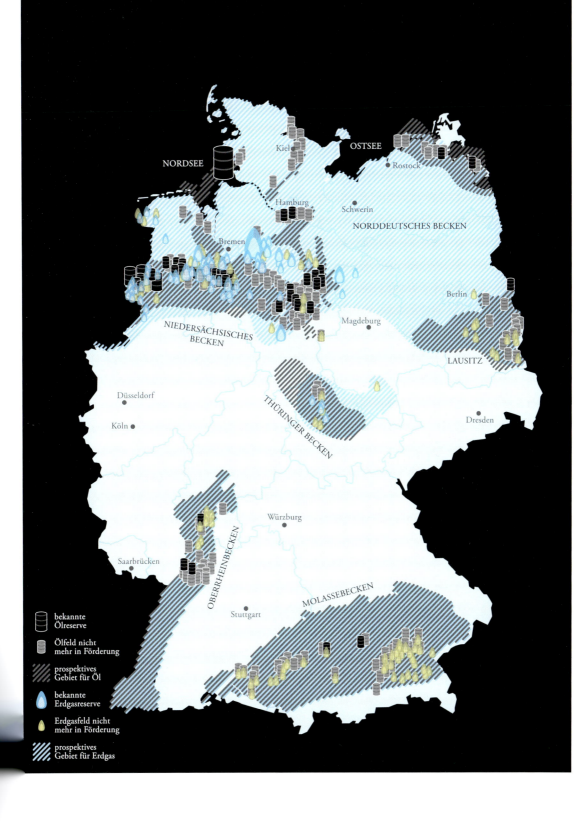

Sportlerstädte

Wer heute »der Leimener« hört, denkt Boris Becker mit. Bald sind wieder Olympische Winterspiele, und wenn es einen neuen deutschen Helden geben sollte, dann werden die Sportreporter dessen Herkunfts- oder Wohnort nachschlagen; und wenn das ein eher unbekannter Ort ist, werden sie viel Freude daran haben, diesen Ort zu erwähnen. Je öfter Sportreporter den Ortsnamen nennen, desto mehr wird er zum Synonym für den Sportler. Schriftsteller, Politiker, Sänger oder Schauspieler haben zumeist andere Beinamen. Ein Sportler aber ist ein Held aus der Mitte des Volkes; die Erwähnung des kleinen Ortes soll seinen Aufstieg noch größer erscheinen lassen. Kommt der Sportler aus einer Großstadt, funktioniert diese Namensgebung weniger gut, auch weil große Städte dazu neigen, mehrere Sportler hervorzubringen, und niemand wüsste, wer mit »dem Kölner« gemeint ist. So werden nur die Kleinstädter im Moment des größten Sieges an ihre bescheidene Herkunft erinnert.

Quelle: eigene Recherchen

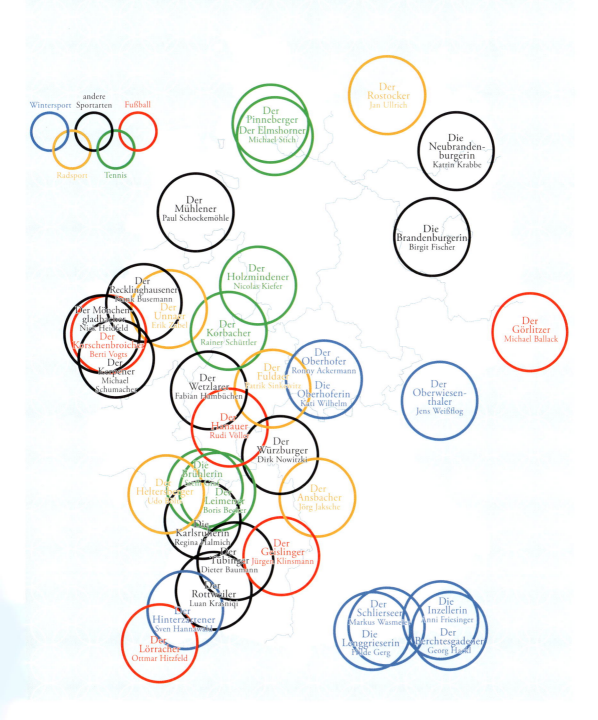

52 Städte in Filmtiteln

Heidelberg darf als die Überraschung dieser Karte gelten. Platz zwei, noch vor Hamburg und München. Heidelberg, eine Stadt von heute rund 145 000 Einwohnern, galt lange Zeit als deutsche Traumstadt: schöne Altstadt, Schloss, am Neckar gelegen. Stand »Heidelberg« auf dem Filmplakat, wusste man, es gibt was fürs Herz. Der letzte Heidelberg-Film stammt aus dem Jahr 1959, der Herzschmerz scheint also abgeklungen. Berlin indes ging immer: Hier passierte bekanntermaßen immer wieder Weltgeschichtliches, und sogar im Ausland kann man seinen Namen aussprechen. Ein Gelsenkirchen-Film würde hingegen in Frankreich ganz schlecht ankommen. Wenn Regisseure sich dazu entschließen, einen Film nach weniger bekannten Städten zu benennen, nach Städten, die nach nicht viel klingen, etwa nach Wolfsburg oder Wuppertal, dann wollen sie sagen: »Mein Film hat sozialpolitisches Gewicht. Sonst hieße er ja Heidelberg.« In diesen Filmen geht es dann um überfahrene Kinder, gewalttätige Ex-Männer und einen doppelmordenden Gastarbeiter.

Quelle: eigene Recherchen (Stand 2008)

Stadt mit einem Film ●
Stadt mit zwei bis fünf Filmen ●
Stadt mit mehr als fünf Filmen ●

Skandal in Baden-Baden, Erich Waschneck, D, 1929 · Los Pájaros de Baden-Baden, Mario Camus, E/CH, 1975 · Engelchen – oder die Jungfrau von Bamberg, Marran Gosov, D, 1968 · Ein Jagdausflug nach Berlin, Paul Heidemann, D, 1917 · Berlin Via America, Francis Ford, USA, 1918 · The Kaiser, the Beast of Berlin, Rupert Julian, USA, 1918 · Meyer aus Berlin, Ernst Lubitsch, D, 1919 · Yankee Doodle in Berlin, F. Richard Jones, USA, 1919 · Berlin W., Manfred Noa, D, 1920 · Die Geheimnisse von Berlin, Arthur Teuber, D, 1921 · Großstadtmädels, 2. Teil – Erlebnisse aus Berlin, Wolfgang Neff, D, 1921 · Das Straßenmädchen von Berlin, Richard Eichenberg, D, 1922 · Krawattenmacher – Der Wucherer von Berlin, Emil Justitz, D, 1922 · Die Dame aus Berlin, Lorand von Kabdebo, D, 1925 · Der Kampf gegen Berlin, Max Reichmann, D, 1926 · Die letzte Droschke von Berlin, Carl Boese, D, 1926 · Wien–Berlin, Hans Steinhoff, A, 1926 · Die schönsten Beine von Berlin, Willi Wolff, D, 1927 · Berlin After Dark, Constatin J. David, D, 1929 · That Murder in Berlin, Friedrich Feher, D, 1929 · Berlin-Alexanderplatz, Phil Jutzi, D, 1931 · Hallo hallo! Hier spricht Berlin!, Julien Duvivier, F/D, 1932 · Hitler – Beast of Berlin, Sam Newfield, USA, 1939 · Berlin Correspondent, Eugene Ford, USA, 1942 · Appointment in Berlin, Alfred E. Green, USA, 1943 · Hotel Berlin, Peter Godfrey, USA, 1945 · Irgendwo in Berlin, Gerhard Lamprecht, D, 1946 · Berlin Express, Jacques Tourneur, USA, 1948 · Berliner Ballade, Robert A. Stemmle, D/F, 1948 · Padeniye Berlina, Mikheil Chiaureli, UdSSR, 1949 · Die Spur führt nach Berlin, Frantisek Cáp, D, 1952 · II-A in Berlin, Hans Albin, D, 1956 · Berlin – Ecke Schönhauser, Gerhard Klein, DDR, 1957 · Frühling in Berlin, Arthur Maria Rabenalt, D, 1957 · R.P.Z. apelle Berlin/Geheimaktion Schwarze Kapelle, Ralph Habib, D/F/I, 1959 · Flucht nach Berlin, Will Tremper, CH/D/USA, 1961 · Escape from East Berlin, Robert Siodmak, USA/D, 1962 · Totò e Peppino divisi a Berlino, Giorgio Bianchi, I, 1962 · Berlin um die Ecke, Gerhard Klein, DDR, 1965 · Berlino – Appuntamento per le spie, Vittorio Sala, I, 1965 · Funeral in Berlin, Guy Hamilton, UK, 1966 · Playgirl – Berlin ist eine Sünde wert, Will Tremper, D, 1966 · Coup de force à Berlin, Sergio Grieco, I/F, 1967 · Kierunek Berlin – ostatnie dni, Jerzy Passendorfer, PL, 1969 · Husaren in Berlin, Erwin Stranka, DDR, 1971 · Real Fine Tea from Berlin, Henri Plaat, NL, 1972 · 1 Berlin–Harlem, Lothar Lambert/Wolfram Zobus, D, 1974 · East of Berlin, Pierre Chevalier/Jesus Franco, F, 1978 · Berlin Alexanderplatz, Rainer Werner Fassbinder, D, 1980 · Berlin Chamissoplatz, Rudolf Thome, D, 1980 · Journeys from Berlin/1971, Yvonne Rainer, UK/USA/D, 1980 · Berlin kaputt, Mića Milošević, YU, 1981 · Assignment Berlin, Hrayr Toukhanian, USA/CDN, 1982 · Spirka "Berlin", Georgi Cherkelov, BG, 1982 · Berlin Blues, Rosa von Praunheim, D, 1983 · Fräulein Berlin, Lothar Lambert, D, 1983 · Fluchtpunkt Berlin, Christopher Petit, D/UK, 1984 · Abschied in Berlin, Antonio Skármeta, D/PL, 1985 · The Berlin Affair, Liliana Cavani, I/D, 1985 · Epizod Berlin West, Mieczyslaw Waśkowski, PL, 1986 · Der Himmel über Berlin, Wim Wenders, D/F, 1987 · Tel Aviv–Berlin, Tzipi Trope, IL, 1987 · Berlin Blues, Ricardo Franco, E, 1988 · Destination Berlin, Ernst A. Heiniger/Stefan Lukschy, D, 1988 · Judgement in Berlin/Ein Richter für Berlin, Leo Penn, USA/D, 1988 · Berlin–Yerushalaim, Amos Gizai, IL/NL/I/F/UK, 1989 · Berlin Report, Kwang-su Park, ROK, 1991 · Far from Berlin, Keith McNally, F/D, 1992 · The Berlin Conspiracy, Terence H. Winkles, USA/D, 1992 · Berlin in Berlin, Sinan Cetin, TR/D, 1993 · Berlin'39, Sergio Sollima, D, 1994 · Berlin, Gô Rijû, J, 1995 · Assignment Berlin, Tony Randel, I, 1998 · Killer.berlin.doc, Bettina Ellerkamp/Jörg Heitmann, D, 1999 · Berlin is in Germany, Hannes Stöhr, D, 2001 · Timecop: The Berlin Decision, Steve Boyum, USA, 2003 · Berlin Nights, Gabriela Tscherniak, D, 2005 · Berliner Reigen, Dieter Berner, D, 2007 · Berlin – 1. Mai, Jan-Christoph Glaser/Carsten Ludwig, D, 2008 · Berlin–Buenos Aires/Die Tränen meiner Mutter, Alejandro Cardenas-Amelio, D, 2008 · Berlin am Meer, Wolfgang Eisler, D, 2008 · Anonyma – Eine Frau in Berlin, Max Färberböck, D/PL, 2008 · Berlin Calling, Hannes Stöhr, D, 2008 · Zwei Bayern in Bonn, Rudolf Lubowski, D, 1962 · Das Phantom von Bonn, Claus Strobel, D, 1997 · Die 120 Tage von Bottrop, Christoph Schlingensief, D, 1997 · Die Bremer Stadtmusikanten, Rainer Geis, D, 1959 · Bremenskie muzykanty, Aleksandr Abdulov, RUS, 2001 · Der Tag, an dem Elvis nach Bremerhaven kam, Peter F. Bringmann, D, 1979 · Die Anne-Liese von Dessau, James Bauer, D, 1925 · Des jungen Dessauers große Liebe, Arthur Robison, D, 1933 · Zwischenlandung Dresden, Benjamin P. Speth, USA, 1999 · Zwischenlandung Düsseldorf, Gianni Bongioanni, I/E/D, 1964 · The Vampire of Düsseldorf, Robert Hossein, I/F/E, 1965 · Kreuzer Emden, Louis Ralph, D, 1926 · Unsere Emden, Louis Ralph, D, 1926 · The Exploits of the Emden, Ken G. Hall, AUS, 1928 · The Raider Emden, D/USA, 1928 · Reiseziel Erfurt, Heinz Fischer, DDR, 1962 · In Frankfurt sind die Nächte heiß, Rolf Olsen, A, 1966 · Frankfurt Kaiserstraße, Roger Fritz, D, 1981 · Die Carmen von St. Pauli/Docks of Hamburg, Erich Waschneck, D, 1928 · Zwischen Hamburg und Haiti, Erich Waschneck, D, 1940 · In Hamburg sind die Nächte lang, Max Michel, D, 1956 · Eros Center Hamburg, Günter Hedel, D, 1969 · Fluchtweg St. Pauli – Großalarm für die Davidswache/Jailbreak in Hamburg, Wolfgang Staudte, D, 1971 · Die Hamburger Krankheit, Peter Fleischmann, D/F, 1979 · Habsucht oder Hamburg-Madrid, Iwan P. Schumacher, CH, 1981 · Hamburg Altona, Vedran Mihletic, Mladen Mitrovic, YU, 1989 · Der Rattenfänger von Hameln, Paul Wegener, D, 1918 · A Happening in Hamelin, E, 1968 · Hamelín, Luis Mario Delgado, E/I, 1969 · The Pied Piper of Hamelin, Jacques Demy, UK/USA, 1972 · Hanover Street, Peter Hyams, UK, 1979 · Old Heidelberg, John Emerson, USA, 1915 · Alt Heidelberg, Hans Behrendt, D, 1923 · Ich hab' mein Herz in Heidelberg verloren, Arthur Bergen, D, 1926 · Das war in Heidelberg in blauer Sommernacht, Emmerich Hanus, D, 1927 · The Student Prince in Old Heidelberg, Ernst Lubitsch, USA, 1927 · Ich war zu Heidelberg Student, Wolfgang Neff, D, 1927 · Mein Heidelberg, ich kann Dich nicht vergessen, James Bauer, D, 1927 · Ein Burschenlied aus Heidelberg, Karl Hartl, D, 1939 · Heidelberger Romanze, Paul Verhoeven, D, 1951 · Ich hab' mein Herz in Heidelberg verloren, Ernst Neubach, D, 1952 · Alt Heidelberg, Ernst Marischka, D, 1959 · Jena Paradies, Marco Mittelstaedt, D, 2004 · Der Bettler vom Kölner Dom, Rolf Randolf, D, 1927 · Der Hauptmann von Köln, Slatan Dudow, DDR, 1965 · Heißes Pflaster Köln, Ernst Hofbauer, D, 1967 · Night Train to Munich, Carol Reed, UK, 1940 · In München steht ein Hofbräuhaus, Siegfried Breuer, D, 1952 · Mädchen, die nach München kommen, Walter Boos, D, 1972 · Picasso in München, Herbert Achternbusch, D, 1997 · München – Geheimnisse einer Stadt, Michael Althen/Dominik Graf, D, 2000 · Munich Mambo, Richard Warmoth, D, 2004 · Munich, Steven Spielberg, USA, 2005 · Der Meister von Nürnberg, Ludwig Berger, D, 1927 · Judgement at Nuremberg, Stanley Kramer, USA, 1961 · The Virgin of Nuremberg, Antonio Margheriti, I, 1963 · The Bridge of Remagen, John Guillermin, USA, 1969 · Out of Rosenheim, Percy Adlon, USA/D, 1987 · Stralsund, Martin Eigler, D, 2008 · Der Schneider von Ulm, Edgar Reitz, D, 1978 · Lotte in Weimar, Egon Günther, D, 1974 · Poyezdka v Visbaden, Yevgeni Gerasimov, UdSSR, 1989 · Palermo oder Wolfsburg, Werner Schroeter, CH/D, 1980 · Wolfsburg, Christian Petzold, D, 2003 · Elli Makra – 42277 Wuppertal, Athanasios Karanikolas, D, 2007

53 Open Airs

Nürnberg und Köln sind die einzigen deutschen Großstädte, die sich für ein großes Open-Air-Festival hergeben.
Ansonsten sind die mehrtägigen Festivals, zu denen Besu-
cher mit Zelt und Bier anreisen, allesamt in eher winzigen
Orten zu Hause. Der Grund dafür ist nicht allein der aus-
reichende Platz auf dem Land für Bühnen und Zeltlager. In
der Provinz gedeiht der Wunsch, gigantische Festivals zu
veranstalten, besonders gut. »Die Ärzte kommen«, das ist
in Hohenfelden noch eine Heilsversprechung. Wenn die
Ärzte dann da sind, gibt sich Hohenfelden einen Namen,
der nach großer, weiter Welt klingt: Highfield. Die Besu-
cher kriegen von Hohenfelden allerdings kaum etwas mit.
Auch deshalb bevorzugen große Festivals die kleinen Orte:
weil nur sie von den Besuchern verwandelt werden können. Ein Festival nahe von München hinterließe beim Be-
sucher immer das ungute Gefühl, vielleicht doch nicht am
richtigen Ort zu sein. Zu reizvoll wäre die Flucht aus dem
Camp, weg von Dixi-Klo und Ravioli.

Quelle: eigene Recherchen (Stand 2008)

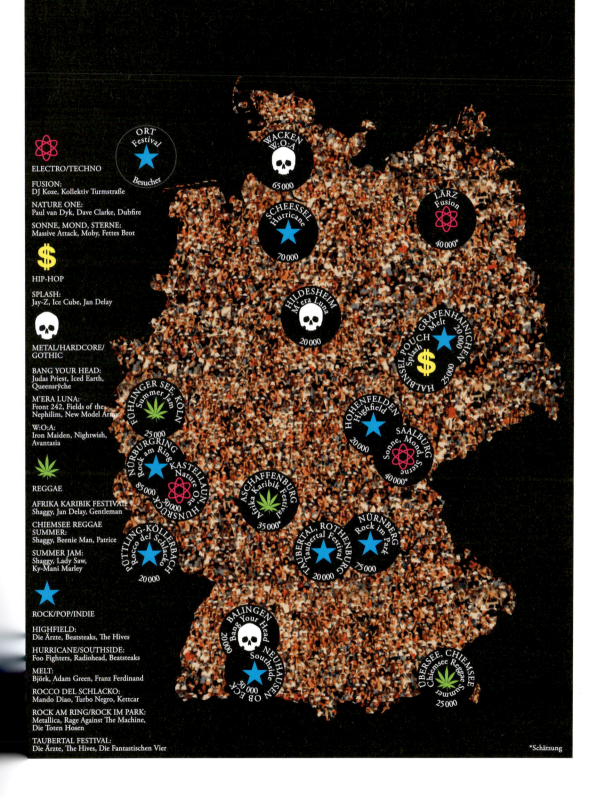

54 Olympia 2008

Vor allem in Berlin und in Nordrhein-Westfalen geborene Menschen haben in Peking Medaillen für Deutschland gewonnen. In Niedersachsen geborene hingegen standen kein einziges Mal auf dem Siegerpodest. Der Osten schnitt pro Einwohner besser ab als der Westen. Und da ausschließlich ostdeutsche Sportler Medaillen errangen, die noch vor der Wiedervereinigung geboren wurden, ist nun die alte, auf Michael Ballack zielende Behauptung widerlegt, ehemalige DDR-Bürger wüssten sich im Sport nicht durchzusetzen. Inzwischen haben Menschen auf der ganzen Welt Chancen, Gold für Deutschland zu holen: Wenn sie erfolgreich sind, gewährt ihnen der Innenminister (im Nebenberuf Sportminister) rasch die Einbürgerung. Eine Form der Medaillenspiegel-Manipulation, die bald ähnlich erfolgreich sein könnte wie Doping, nur dass man sich dabei nicht den Tod holt. Freunde des Niedersachsen-Spottes dürfen mit allem Recht formulieren: Die Mongolei hat mehr deutsche Medaillen hervorgebracht als Niedersachsen.

Quelle: eigene Recherchen

55 Familienunternehmen

Familienunternehmen haben einen guten Ruf, man stellt sich darunter gern eine Firma vor, deren Chef, einem Großvater gleich, am Ende des Jahres Geschenke verteilt. Spätestens seitdem Maria-Elisabeth Schaeffler mit ihrer Familienfirma aus Herzogenaurach den Aktienkonzern Continental übernommen hat, ahnt man, dass Familienunternehmen nicht nur Gutes im Schilde führen. Sie machen die überwiegende Mehrheit aller deutschen Firmen aus, mehr als 90 Prozent aller deutschen Unternehmen gehören Familien, darunter riesige Betriebe wie Metro und Bosch. Die meisten Arbeitsplätze schaffen die 500 größten Familienunternehmen, die im Westen und Süden ihren Sitz haben – nicht nur in Düsseldorf, Stuttgart und München, sondern oft auch in nicht ganz so großen Städten wie Ulm, Neckarsulm und Herzogenaurach. Dort wirtschaften sie seit Ewigkeiten, dort bleiben sie. Warum sollten sie auch wegziehen? Die unscheinbaren Städte passen doch gut zum braven Image, das die Firmen pflegen.

Quelle: Stiftung Familienunternehmen
(Stand August 2008)

56 Taubenzüchter

Taubenzüchtung ist ein Hobby aus einer Zeit, als es noch Hobbys gab. Das Taubenzüchten war Anfang des 20. Jahrhunderts aufgekommen – als ein Nebenprodukt der Industrialisierung. Die Arbeiter des Ruhrgebiets kamen häufig aus Polen, wo sie zuvor kleine Landwirtschaften hatten. Um ihr Heimweh ein wenig zu lindern, kamen die Industriebosse auf die Idee, den Arbeitern kleine Gärten hinterm Haus oder Schrebergärten zu spendieren. So wurde das Taubenzüchten zum Hobby des malochenden Arbeiters. Bis heute ist Nordrhein-Westfalen das Zentrum des Taubenzüchtens, hier sind nicht nur absolut die meisten Züchter zu finden, sondern auch bezogen auf die Einwohner. Beliebt war das Hobby überall auch dort, wo es Arbeiter gab. Wer hingegen glaubte, zur besseren Schicht zu gehören, züchtete statt Tauben Pferde.

Quelle: Verband deutscher Brieftaubenzüchter

Taubenzüchter
pro Bundesland:

Nordrhein-
Westfalen.........11398

Niedersachsen
mit Bremen.......4698
Bayern..............3412
Hessen..............2803

Baden-
Württemberg.....1697
Sachsen-Anhalt...1397
Thüringen..........1233

Mecklenburg-
Vorpommern.......991
Schleswig-
Holstein.............954
Brandenburg
mit Berlin...........742
Rheinland-Pfalz...742
Sachsen..............604

Saarland............432
Hamburg...........262

57 Wetten, dass ...?

Die Fernsehsendung »Wetten, dass ...?« erinnert an einen Zirkus: Seit 1981 zieht sie durchs Land und beglückt die Menschen. Traditionell erwähnt der Moderator zu Beginn der Sendung die Stadt, und für einen Moment darf sie sich fühlen, als sei sie das Zentrum der Republik. Dabei richtet sich das ZDF nicht nach einem strengen Proporz. Hamburg etwa wurde nie besucht, München nur einmal, Köln zweimal – dort ist es schwer, eine Halle für zwei Wochen zu buchen; so lange dauert es, alles auf- und abzubauen. Und so sind häufig die mittelgroßen Städte Gastgeber. Saarbrücken war bis Anfang der neunziger Jahre heimliche »Wetten dass ...?«-Hauptstadt, doch die Decken der Halle dort können die großen Scheinwerfer nicht mehr tragen. Stattdessen sind heute Leipzig und Erfurt sehr beliebt, dort wurden nach der Wende große Messehallen gebaut. Wenn »Wetten, dass ...?« kommt, ist das eine Vergewisserung für die Bewohner der nicht ganz so großen Großstädte: So schlecht kann es uns nicht gehen.

Quelle: ZDF (Stand September 2008)

58 U-Bahnen

Auf dieser Karte wird so getan, als wären die Städte in Deutschland, in denen das Bus- und S- und U-Bahnfahren gleich teuer ist, jeweils durch U-Bahn-Linien miteinander verbunden. Die teuren Linien verkehren vor allem an Rhein und Main. Am teuersten ist ein Jahresticket in Koblenz, es kostet 1149 Euro, zweieinhalbmal so viel wie eines in Freiburg. Nun sind Koblenz oder Leverkusen keineswegs dafür bekannt, reiche Menschen anzuziehen. München oder Düsseldorf hingegen, die genau dafür bekannt sind, verkaufen eher günstige Tickets. Es geht also ziemlich ungerecht zu. Was wäre los, wenn Benzin in Freiburg 1,39 Euro und in Koblenz 3,49 kosten würde? Die Leute würden von Koblenz nach Freiburg fahren, es gäbe riesige Staus auf der A5, bestimmt würden die Ölfirmen schnell einlenken. Ein Busbenutzer, der in Koblenz mit einem Freiburger Ticket erwischt wird, muss berechtigte Angst haben, als Schwarzfahrer zu büßen. Kein Wunder, dass so viele Menschen vom eigenen Auto träumen.

Quelle: Initiative Neue Soziale Marktwirtschaft (Stand 2008)

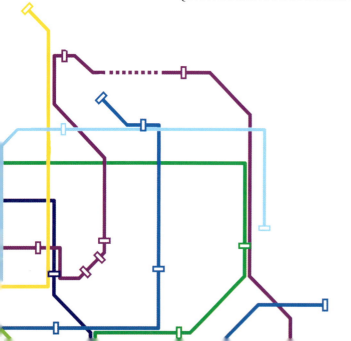

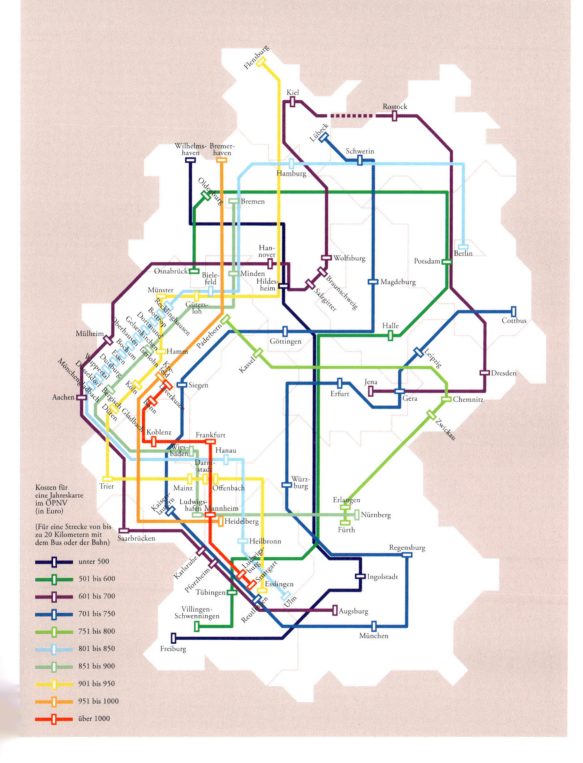

59 Biersorten

Wegen des Reinheitsgebotes, das ja schon seit Jahrhunderten besteht, glaubt man häufig, dass das Bier, das man so trinkt, auch schon uralt ist. In Wirklichkeit hat die Bierlandschaft von heute nichts mit der des Mittelalters zu tun. Noch im 19. Jahrhundert gab es im ganzen Land vor allem ein einziges Bier: dunkles Bier. Erst Anfang des 20. Jahrhunderts, also vor etwas mehr als hundert Jahren, kam helles Bier auf, das zunächst nur für den Export gedacht war, und deswegen hieß dieses Bier auch: Export-Bier. Gebraut wurde es vor allem in Dortmund. Die anderen heute regional beliebten Biersorten, die diese Karte zeigt, kamen erst nach 1945 in Mode. Die Brauereien bemühten sich damals, Neues zu erfinden. Das Pils, heute das am weitesten verbreitete Bier, kam sogar erst in den 1960ern in Mode. Es wurde von kleinen Brauereien aus dem Siegerland vermarktet, die dem Kölsch, Export und Alt etwas entgegensetzen wollten. Diese kleinen Brauereien hießen Warsteiner und Veltins.

Quelle: Deutscher Brauer-Bund

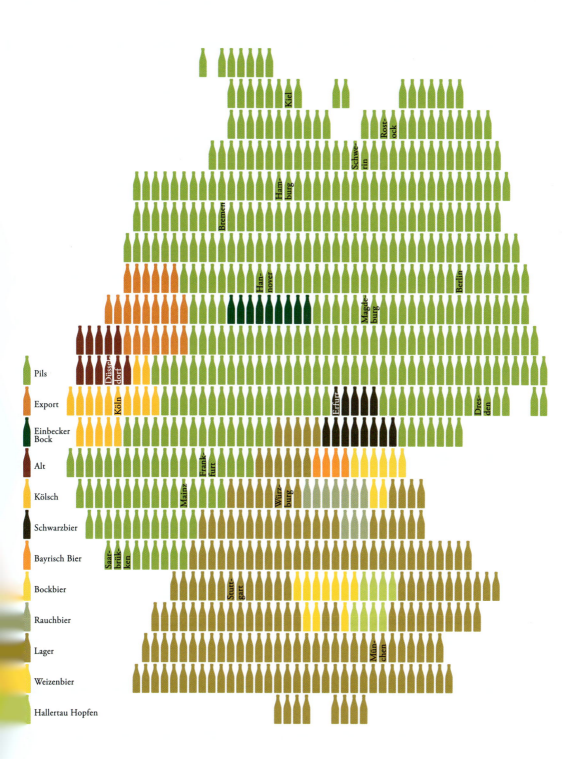

60 Exonyme

Es ist ein schwieriger Moment für einen Mainzer, wenn er von fremdsprachigen Menschen gefragt wird, aus welcher Stadt er stamme. Sie wollen sein »Mainz« oft einfach nicht verstehen. Auch Aachener oder Regensburger kennen diesen Moment, denn ihre Städte haben in anderen europäischen Sprachen besonders eigenwillige Namen, in der Sprachwissenschaft Exonyme genannt. Meistens haben sie historische Gründe, oder sie wurden erfunden, weil sie sich besser aussprechen lassen. »Brunswick« geht einem Engländer leichter über die Lippen als »Braunschweig«, »Lipsia« einem Italiener besser als »Leipzig«. Franzosen und Spanier benutzen besonders hemmungslos eigene Namen. Umgekehrt haben die Deutschen eine deutlich größere Scheu, es ihnen nachzutun. Soll man das ungerecht finden und sich beklagen? Keinesfalls. Wie schön ist es doch für Stuttgart oder Leipzig, Namen zu haben, die so wunderbar nach Urlaub klingen.

Quelle: eigene Recherchen

FLENSBURGO
FLENSBURG

LUBECCA
LUBECK
LÜBECK

HAMBOURG
AMBURGO
HAMBURGO
HAMBURG

OLDEMBURGO
OLDENBURG

BRÊME
BREMA
BREMEN

BERLINO
BERLÍN
BERLIN

HANOVRE
HANÓVER   WOLFSBURGO
HANOVER   WOLFSBURG
HANNOVER

FRANCFORT-SUR-L'ODER
BRUNSWICK   FRANCOFORTE SULL'ODER
BRUNSWICK   FRÁNCFORT (ODER)
HAMELÍN   BRAUNSCHWEIG   FRANKFURT AN DER ODER
HAMELN
                MAGDEBOURG
                MAGDEBURGO
                MAGDEBURGO
                MAGDEBURG

        GÖTTINGA
        GOTINGA
        GÖTTINGEN

DUISBOURG
DUISBURG   LÍPSIA
                                  LEIPZIG

COLOGNE
COLONIA
COLONIA   DRESDE
COLOGNE   DRESDA
KÖLN   DRESDE
                                 DRESDEN

            MARBURGO
            MARBURG

AIX-LA-CHAPELLE
AQUISGRANA
AQUISGRÁN
AACHEN
        COBLENCE
        COBLENZA
        COBLENZA   FRANCFORT-SUR-LE-MAIN
        COBLENZ   FRANCOFORTE SUL MENO
        KOBLENZ   FRÁNCFORT DEL MENO
                    FRANKFURT AM MAIN

        MAYENCE
        MAGONZA
TRÈVES MAGUNCIA
TRIER   MAINZ   WURZBURGO
                    WÜRZBURG

                NUREMBERG
                NORIMBERGA
SARREBRUCK   NÚREMBERG
SARREBRUCK   NUREMBERG
SAARBRUECKEN   NÜRNBERG
SAARBRÜCKEN

                    RATISBONNE
                    RATISBONA
        STOCCARDA   RATISBONA
        STUTTGART   REGENSBURG

    TUBINGA
    TUBINGA   AUGSBOURG
    TÜBINGEN   AUGUSTA
            ULMA   AUGSBURGO
            ULM   AUGSBURG

FRIBOURG-EN-BRISGAU
FRIBURGO IN BRISGOVIA   MUNICH
FRIBURGO   MONACO (DI BAVIERA)
FREIBURG IM BREISGAU   MÚNICH
        CONSTANCE   MUNICH
        CONSTANZA   MÜNCHEN
        CONSTANZA
        CONSTANCE
        KONSTANZ

NZÖSISCH
IENISCH
NISCH
LISCH
DEUT

61 Elektroautos

Elektroautos geht es wie dem Fernsehsender »arte«. Sie werden geliebt, aber selten gesehen. Auf der Karte steht jeweils ein Autosymbol für ein Auto in der Wirklichkeit. Im ganzen Land sind nur 1436 Elektroautos zugelassen. Als der Ölpreis auf Rekordhöhe war, schien es, als werde der Elektro- den Verbrennungsmotor bald ablösen, von »Revolution« war die Rede. Unerwähnt blieb, dass der Markt für diese Autos gerade schrumpfte, von sehr klein auf sehr, sehr klein. Zugelassen wurden: 20 Autos im Jahr 2006, 12 im Jahr darauf, 5 im Jahr 2008. Fünf! Die meisten Elektroautos stammen aus der Zeit des Ökoidealismus und aus dem Schwarzwald. Dort gab es in den Neunzigern einen Autobauer namens Hotzenblitz, einen Star der Automobilmessen. Die großen Autobauer forschten ein wenig (daher die höheren Zahlen in Stuttgart, München, Köln), zu einem Serienmodell schafften sie es nie. Es bremste sie wohl die Einsicht, dass die Deutschen einfach keine Autos mögen, die leise und brav sind.

Quelle: Kraftfahrtbundesamt (Stand 2008)

Zahl der Elektroautos pro Zulassungsbezirk

Böblingen: 68
Stuttgart: 26
Barnim: 25
München: 24
Aachen: 23
Berlin: 19
Köln: 19
Nürnberg: 19
Hamburg: 17
Hannover: 15

Flensburg
Kiel
Rostock
Lübeck
Neubrandenburg
Schwerin
Bremerhaven
Hamburg
Bremen
Lüchow
Barnim
Wolfsburg
Berlin
Hannover
Potsdam
Osnabrück
Hildesheim
Magdeburg
Bielefeld
Cottbus
Münster
Dortmund
Göttingen
Halle
Duisburg
Leipzig
Kassel
Düsseldorf
Köln
Dresden
Eisenach
Jena
Aachen
Erfurt
Chemnitz
Bonn
Gera
Zwickau
Koblenz
Coburg
Wiesbaden
Frankfurt
Bamberg
Mainz
Darmstadt
Würzburg
Mannheim
Nürnberg
Saarbrücken
Regensburg
Karlsruhe
Ingolstadt
Passau
Stuttgart
Böblingen
Ulm
Augsburg
München
Freiburg
Rosenheim
Konstanz
Kempten

62 Wellnesshotels

Unser Land wird gerade 60, und so ist es kein Wunder, dass es sich mal erholen will. Das Land mag Wellness, und ein jeder weiß Spa- von Sparmaßnahmen zu unterscheiden. Sogar die SPD-Kanzlerkandidatenfrage wurde 2008 in einem Wellnesshotel gelöst (1997 noch auf einem Waldweg unweit der Saarschleife). Seit einigen Jahren gibt es einen Führer namens Relax Guide, der, so ähnlich wie es der Michelin für die Restaurants tut, sagt, wo die seiner Meinung nach besten unserer Wellnesshotels liegen. Die Karte zeigt alle Hotels, die darin 15 oder mehr Punkte von 20 möglichen bekamen. Es kristallisieren sich drei wichtige Wellnessregionen heraus: der Schwarzwald, das Alpenvorland und Mecklenburg-Vorpommern. Die ersten beiden sind traditionelle Kurregionen, die Hotels im Osten meist jünger. Mecklenburg-Vorpommern, wo es wenig Arbeit und viel Natur gibt, ist zum Entspannungsbecken der Nation geworden. (Das SPD-Hotel gehört übrigens nicht zu den besten.)

Quelle: Relax Guide 2009

63 Tagesgeld

Die Sparkasse galt in Zeiten des Aktienbooms als besonders piefig, zu Beginn der Finanzkrise jedoch galt sie als besonders sicher. Der Ruf ist der eines Bäckermeisters, der noch selbst backt: Es gibt sie noch, die guten Konten vom Banker um die Ecke. Besonders beliebt ist das Tagesgeldkonto, das so etwas wie der Nachfolger des Sparbuchs ist: Man kommt jederzeit an sein Erspartes, außerdem gibt es einträgliche Zinsen. Allerdings nicht überall, denn jede Sparkasse bestimmt selbst, wie viele Zinsen sie zahlt – je nach Marktlage. Eine Stichprobe von 101 der mehr als 400 Sparkassen offenbart zum Teil abstruse Unterschiede: In Hannover oder Hamburg gibt es für 100 angelegte Euro 4 Euro Zinsen im Jahr, in Grimma nur 25 Cent. In Grimma gibt es also nur ein Sechzehntel von dem, was in Hamburg gezahlt wird. Wer ein paar Kilometer von Oldenburg nach Bremen fährt, kann seinen Zinssatz versiebenfachen. Wer seiner Sparkasse um die Ecke vertraut, dem kann also viel Geld entgehen. Ganz ohne Finanzkrise.

Quelle: eigene Recherchen (Stand 28. Oktober 2008)

%
%
%%%%% %
% %Flensburg:1,3%
% %%%%%%%%
%%%%%%%%% %%%%
% % %%%%%%%% %%%% Rügen:
%%%%%%%%Kiel:0,5%%% %%% % %%%% 2,85*%
%%%%%%%%%%%%%%%% %%%%%%%%
%%%%%%%%%%%%%%% %%%%%%%%%
%%%%%%%%%%%%%%% %%%%%%%%Greifswald:1*%%%
Brunsbüttel:1,5%%%%%%%%% %%%%%%%%%%%%%%%%%%
%%% %%%%%%%%%%%%%%%%%% %%%%%%%%%%%%%%%%%%%%
%%% %% %%%%%%%%%%%%%%%%%%%% %%%%%%%%%%%%%%%%%%%
%%%%%%%%% %%%%Stade:3,3*%%%%%%%%%%Schwerin:1,85*%%%Neubrandenburg:3*%%%
%%%%%%Bremerhaven:1,6%%%%Hamburg:4%%%%%%%%%%%%%%%%%%%%%%%%%
%%%%%%%%%%% %%%%%%%%%%%%%%%%%%%%%%%%%%%%%%%%%%
%%%
%%%%Oldenburg:0,5%%%%%%%%%%%%%%%%%%Pritzwalk:0,25%%%%Schwedt:1,5%
%%%%%%%%Bremen:3,5%%%%%%%%%%%%%%%%%%%%%%%%%%%%%%%
%%%%%%%%%%%%%%%Uelzen:3,5%%%%%%%%%%%%%%%%%%%%%
%%%%%%%%%%%%%%%Fallingbostel:2,5*%%%%%%%%%%%%%Eberswalde:3,55*%
%%%%%%%%%%%%%%%%%%%%%%%%%%%%%%%%%%%%%%%
Meppen:2,3%%%%%%%%%%%%%%%%%%%%%%%%%%%%%%%
%%%%%%%%%%%%%Celle:3,5%%%%%%%%%%%%%%%%%%%%%%
%%%%%%%%%%%%%%%%%%%%%%%%%%%%%%%%%%Berlin:2,75%%%%%%
Nordhorn:0,5%%%%%%%%%%%%%%%%%%%Wolfsburg:0,5%%%%%%%%%%%Potsdam:2,4%%%%%%%
%%%%%%%%%%%%%%%%%Hannover:4%%%%%%%%%%%%%%%%%%%%
%%%%Osnabrück:2%%%%%%%%%%%%%%%%%%%%%%%%%%%%%
%%%%%%%%%%%%%%%%%Hildesheim:3,75%%%%%%%Magdeburg:2,45*%%%%%%%%%%
%%%%%%%%%%%Bielefeld:3,5%%%%%%%%%%%%%%%%%%%%%%%%%
%%% %%%%%%%%%Detmold:3,25%%%%%%%%%%%%%%%%%%%%%%
%%%%%%%%%%%%%%%%%%%%%%%%%%%%%%%%%%%%%%
%%%%Wesel:3,25%%%%%%%%% %%%%%%%%%%Aschersleben:3,75%%%%%%%%%
%%%
%%%%%Dortmund:3,5%%%%%%%%%%%%Göttingen:0,5%%%%%%%%%%Halle:2,4*%%%%%%%%%%%
%%%%%Essen:3,25*%%%%%%%%%%%%%%%%%%%%%%%%%%%%%%%%%
%Duisburg:3,45*%%%Witten:2,9%%%%%%%%%%%%%%%Leipzig:2,25*%%%%%%%%%%%%
%Düsseldorf:1,75%%Iserlohn:3,1*%%%%%%%%%%%%%%%Grimma:0,25%%%%%Bautzen:2,65*%
%%%Remscheid:0,5%%%%%%%%%%%%%%%%%%%Döbeln:3,5%%%Meißen:3,25*%%%
%%%%%%%%%Solingen:3,375*%%%%%%%%%%%%%%%%%%Dresden2,5% %%%%
%%%%%%%%%%%%%%%%%%%%%%%%Erfurt:0,5%%%%%%%Mittweida:1,5%%%%%% %%%
%%%%Köln(Sparkasse)3,55%%%%%%%%Bad Hersfeld:2*%%%%%%%%%%%%%%%
%%%Köln(Kreissparkasse)3,6%%%%%%%%%%%%%%%%%%%%%Chemnitz:3*%%%
Aachen:3,55%%%%%%%%%%%%%%%%%%%%%%%%%%%%%%Zwickau:2,4*%%%
%%%%%%%%%%%%%%%%Gießen:3,6%%%%%%%%%%%%%%%%Annaberg-Buchholz:3,25%
%%%%%%%%%%%%%%%Wetzlar:0,5%%%Fulda:1,45%%%%%%%%%%%%%%%%%%%
%%%%%%%%Koblenz:3,5*%%%%%%%%%%%%%%%%%%%%%%%%%%%
%%%%%%%%%%%%%%%%%%%%%%%%%%%%%%%%%Hof:2,5%
%%%%%%%%%%%%%%%Frankfurt:0,5%%%%%%%%%%%%%%%
%%%%%%%%%%%%Wiesbaden:1,25%%%%%%%%%%%%%%
%%%%%%%%%%%Offenbach:1,15%%%Schweinfurt:2*%%%%%%%%%%%
%%%%%%%%%%%%%%Aschaffenburg:1,3*%%%%%%%%%%Bayreuth:0,75%%%
%Trier:0,75*%%%%%%%%%%%%%%%%%%%%%%%%
%%%%%%%%%%%%%%%%Forchheim:1*%%%Weiden:2,9%
%%%%%%Donnersberg:0,5%%%%%%%%%%Erlangen:1*%%%%%%
%%%%%%%%%%%%%%%%%%%%%%%%%%%%%%%%
%%%%%%%%%%%Mannheim:2,75%%%%%%%%%%Fürth:1,25%%%%%%%%
%%%%%%%%%%%Heidelberg:1%%%Rothenburg:0,5*%%%Nürnberg:3,55%%%%%%%%%
Völklingen:2,06*%%%%%%%%%%%%%%%%%%%%%%%%%%%%%
%% %%%Landau:0,5%%%%%%%%%%%%%%%%%%%%%%
%%%%%%%Heilbronn:3,25%%%%%%%%%%%%Regensburg:2,7*%%%%%%%%
%%%%%%%%%%%%%%%%%%%%%Kelheim:1,45%%%%%%%%%
%%%Ludwigsburg:3,5%%%Nördlingen:2,9*%%%%%%%%%%Deggendorf:3%%%
%%%Stuttgart:3,5(BW Bank)%%%%%%%%%%%%%%%%%%%%
%%%%%%%Göppingen:1,85%%%%%%%%%%%%%%%%%%%%%%%
%%%%%%%Heidenheim:3,5*%%%%%%%%%%%%%%%%%%%%
%%%%%%Tübingen:3*%%%%%%%%%%%%%%%%%%%%%
%%%%%%%%%%%%%%Augsburg:1,8*%%%%%%%%%%%%%
%%%%%%%%%%%%%%%%%%%%%%%%Altötting:3,15*%
%%%%%%%%%%%%%%%%%%%%%%%%%%%%%%%
%%%%%%%%%%%%%Biberach:3*%%%%%%%%%%%%%%
%Freiburg:1,5%%%%%%%%%%%%%%%%%Starnberg:2*%%%%
%%%%%%%%%%%%%%%%%%%%%%%Rosenheim:2,75*%%
Müllheim:2,95%%%%Ravensburg:3*%%%%%%%%%%%%Bad Reichenhall:1,25%
Waldshut:2,25*% %%%%%%%%Kempten:0,75%%%%%% % %%%
%%%%% %% %%%%%%%%%%%% %%
%%%% %%%%%
%%% %%%
%

*Zinssatz pro Jahr ab dem 1. Euro (*steigt bei höheren Beträgen)*

64 Altstädte

Es ist ein Glück, einen Ort zu haben zum Verweilen, mit Gassen, Plätzchen, Türmen: eine Altstadt. Wie ist dieses Glück verteilt? Landesdenkmalpfleger haben eine Liste von 300 historisch bedeutsamen, gut erhaltenen Altstädten erstellt (wobei es natürlich nie absolute Gewissheit geben kann, was »bedeutsam« sei). Das Ergebnis: Westsachsen, Thüringen, Nordhessen, Franken und Schwaben sind reich, der äußere Westen und Niedersachsen arm an Altstädten. In der geographischen Mitte, scheint es, liegt der alte Kern des Landes. Im äußeren Westen und im Norden sind die Städte einfach zu jung, oder die Altstädte wurden im Zweiten Weltkrieg zerstört – und in den Jahren danach. Man riss derart manisch ab, als könne man so die Geschichte loswerden. In der DDR passierte das seltener, das Allermeiste überlebte – weil das Geld zum Abriss und Neubau fehlte. Viel länger als 40 Jahre hätte die DDR aber nicht dauern dürfen, sonst wären Mauern von ganz alleine gefallen.

Quelle: Vereinigung der Landesdenkmalpfleger

Baden-Württemberg: Bad Liebenzell · Bad Wimpfen · Baden-Baden · Bersigheim · Calw · Ellwangen (Jagst) · Esslingen am Neckar · Freiburg im Breisgau · Freudenberg · Freudenstadt · Gengenbach · Gundelsheim · Haigerloch · Heidelberg · Horb am Neckar · Ingelfingen · Kirchberg an der Jagst · Konstanz · Kraichtal · Langenburg · Meersburg · Mühlheim an der Donau · Munderkingen · Neuenstein · Öhringen · Radolfzell · Ravensburg · Riedlingen · Rottweil · Schrozberg · Schwäbisch Gmünd · Schwäbisch Hall · Tübingen · Überlingen · Vellberg · Vogsburg · Waldshut-Tiengen · Wangen im Allgäu · Weikersheim · Weinheim · Wertheim. **Bayern:** Abenberg · Abensberg · Altdorf bei Nürnberg · Amberg · Amorbach · Arnstein · Aub · Augsburg · Bad Neustadt an der Saale · Bad Windsheim · Bamberg · Burghausen · Burgkunstadt · Coburg · Creußen · Dettelbach · Dinkelsbühl · Donauwörth · Ebern · Eichstätt · Ellingen · Forchheim · Freising · Friedberg · Füssen · Greding · Heilsbronn · Hof · Ingolstadt · Iphofen · Kaufbeuren · Kelheim · Kempten · Klingenberg am Main · Königsberg in Bayern · Kronach · Kulmbach · Landsberg · Landshut · Lauingen (Donau) · Leipheim · Lichtenberg · Lindau (Bodensee) · Mainbernheim · Miltenberg · Mühldorf am Inn · München · Münnerstadt · Nördlingen · Nürnberg · Ochsenfurt · Ostheim vor der Rhön · Passau · Regensburg · Rothenburg ob der Tauber · Schongau · Schrobenhausen · Seßlach · Tittmoning · Waldkirchen · Wasserburg am Inn. **Berlin:** Spandau · Treptow-Köpenick. **Brandenburg:** Altlandsberg · Bad Freienwalde · Beelitz · Beeskow · Belzig · Brandenburg · Cottbus · Kyritz · Lenzen · Lindow (Mark) · Luckau · Mühlberg/Elbe · Neuruppin · Perleberg · Potsdam · Rheinsberg · Strausberg · Templin · Werder/Havel. **Bremen:** Bremen. **Hamburg:** Bergedorf · Binnenhafen. **Hessen:** Alsfeld · Bad Arolsen · Bad Hersfeld · Bad Sooden-Allendorf · Büdingen · Eschwege · Frankenberg · Gelnhausen · Hirschhorn · Melsungen · Naumburg · Ortenberg · Rotenburg an der Fulda · Schlitz · Schwalmstadt · Weilburg · Wetzlar · Zierenberg. **Mecklenburg-Vorpommern:** Boizenburg · Greifswald · Neustrelitz · Parchim · Putbus · Rostock · Schwerin · Stralsund · Tribsees · Wismar · Wolgast. **Niedersachsen:** Adelebsen · Bentheim · Buxtehude · Clausthal-Zellerfeld (Stadtkern Clausthal und Stadtkern Zellerfeld) · Cuxhaven · Duderstadt · Freiburg (Elbe) · Goslar · Hannoversch Münden · Hedemünden · Helmstedt · Hitzacker · Hornburg · Leer · Lüneburg · Otterndorf · Rinteln · Sankt Andreasberg · Stade · Stadtoldendorf · Wildemann · Wolfenbüttel. **Nordrhein-Westfalen:** Aachen · Bad Münstereifel · Blomberg · Detmold · Dormagen · Düsseldorf · Hattingen · Höxter · Kempen · Köln · Krefeld · Lemgo · Lügde · Marsberg · Minden · Monschau · Oelde · Paderborn · Raesfeld · Schieder · Schmallenberg · Soest · Steinfurt · Tecklenburg · Warburg · Warendorf. **Rheinland-Pfalz:** Bacharach · Bad Ems · Beilstein · Freinsheim · Kaub · Oberwesel · Oppenheim · Trier · Unkel · Worms. **Saarland:** Blieskastel · Saarlouis. **Sachsen:** Annaberg-Buchholz · Augustusburg · Bautzen · Bischofswerda · Delitzsch · Dippoldiswalde · Freiberg · Geithain · Görlitz · Grimma · Großenhain · Hainichen · Herrnhut · Hohenstein-Ernstthal · Kamenz · Leisnig · Löbau · Lommatzsch · Marienberg · Meißen · Mittweida · Nossen · Oederan · Oelsnitz/Vogtland · Oschatz · Penig · Pirna · Rochlitz · Schneeberg · Schwarzenberg · Strehla · Torgau · Waldenburg · Wolkenstein · Wurzen · Zittau · Zschopau · Zwickau. **Sachsen-Anhalt:** Ballenstedt · Blankenburg · Freyburg · Halle · Havelberg · Lutherstadt Eisleben · Lutherstadt Wittenberg · Merseburg · Naumburg · Osterwieck · Quedlinburg · Salzwedel · Sangerhausen · Stendal · Stolberg · Tangermünde · Weißenfels · Wernigerode · Wörlitz · Zeitz. **Schleswig-Holstein:** Ahrensburg · Helgoland · Lübeck · Lübeck-Travemünde · Neustadt · Plön · Ratzeburg · Schleswig. **Thüringen:** Altenburg · Arnstadt · Bad Langensalza · Dornburg · Erfurt · Gotha · Heldburg · Kahla · Meiningen · Mühlhausen · Rudolstadt · Saalfeld · Schmalkalden · Treffurt · Ummerstadt · Wasungen · Weimar · Weißensee.

65 Ökobauern

Der Osten des Landes ist nicht dafür bekannt, überdurchschnittlich viele grün wählende Menschen zu beheimaten. Dennoch, das zeigt diese Karte, ist der Osten so etwas wie die Biokornkammer Deutschlands. Das liegt vor allem daran, dass sich dort nach der Wende viele Bauern für den Ökolandbau entschieden: Wer heute neu anfängt, für den lohnt sich die ökologische Landwirtschaft eher als die konventionelle. Ein Ökobauer in Bayern oder in Baden-Württemberg, wo es in den siebziger Jahren die ersten Biohöfe gab, hat immer auch mit seinen Nachbarbauern zu kämpfen, die den Sonderling mit Argwohn betrachten. Das gibt es im Osten kaum. Auch ist der Boden vielerorts sandig und reagiert kaum auf Dünger. Und schließlich ist da noch das nahe Berlin, wo so viele nach Biomilch und Biokohl verlangen. Die Menschen im Osten kaufen derlei fast gar nicht, es ist ihnen zu teuer: Das Beste geht wie einst in die Hauptstadt oder rüber in den Westen.

Quelle: Statistische Landesämter

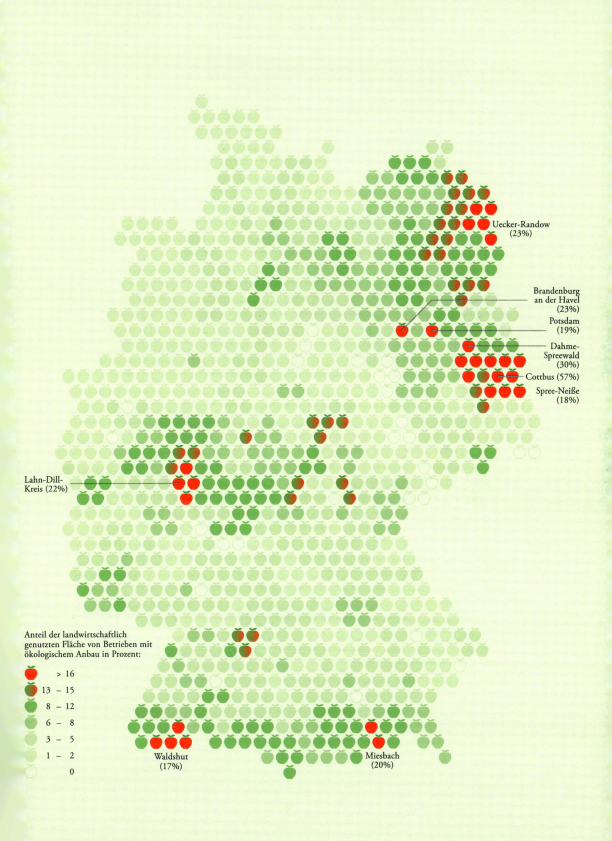

66 Taxipreise

Da der Mensch anders als Autos nicht die Fähigkeit be-
sitzt, Kilometer zu zählen, weiß er, wenn er in einer fremden Stadt das Taxi verlassen hat, nie genau, ob die Fahrt
teuer oder günstig war. Es hält sich so das Gerücht von
der teuersten Taxistadt München, was vielleicht daran
liegt, dass dort vieles andere teuer ist (Miete, Kneipenbier,
S-Bahn-Fahrt zum Flughafen). Tatsächlich aber sind die
Taxis in München nicht teurer als in Berlin. Die teuerste
Stadt – für eine Strecke von vier Kilometern – ist Stuttgart,
gefolgt von Ulm, Ludwigshafen und Pforzheim. Im Süden
sind die Lebenshaltungskosten für die Taxifahrer höher,
darum steigt der Fahrpreis. Und weil in den nicht ganz
so großen und nicht ganz so gut besuchten Städten Taxis
öfter leer durch die Straßen fahren, müssen Taxifahrer dort
mehr Geld verlangen. Dies erklärt auch, weshalb Taxis im
Osten kaum günstiger sind als im Westen. Wer in der Provinz in Ost oder West lebt, so ungerecht ist das, wird sogar
noch durch teurere Taxifahrten bestraft.

Quelle: Hale GmbH (Stand 1.12.2008)

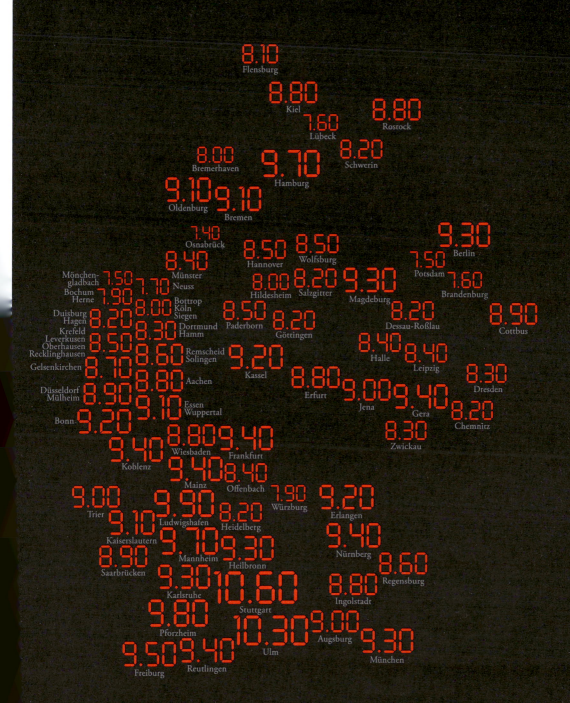

Fahrpreis in Euro für eine Strecke von vier Kilometern (tagsüber und ohne Wartezeiten)

67 Bionade

Die Bionade, die ökologische Limo, gilt gemeinhin als Beweis dafür, dass sich der Umweltgedanke und die Marktwirtschaft inzwischen gut vertragen. Die Karte zeigt, in welchen Postleitzahlbezirken sich die Bionade bei den Großhändlern wie gut verkauft, bezogen auf die Einwohnerzahl. Die Erfolgsgeschichte des Getränks begann Ende der Neunziger in Hamburg, dort entschloss sich ein Großhändler, die Bionade ins Sortiment zu nehmen, danach eroberte sie Berlin, wurde Symbol des grün konsumierenden jungen Bürgertums. Der Süden des Landes, das zeigt die Karte, ist bis heute weniger aufgeschlossen für das neue Getränk. Vor allem verkauft sich die Limonade deutschlandweit in ländlichen Gebieten schlecht. Der Großstädter, dem die Natur fehlt, ist der eifrigste Ökokonsument. Doch eine Großstadt widersetzt sich offenbar beharrlich der Bionade: Frankfurt am Main (dessen Postleitzahlen mit 60 beginnen). Entweder beziehen die Frankfurter ihre Bionade aus Fulda (PLZ 36…), oder aber Ökologie und Kapitalismus vertragen sich doch nicht so gut.

Quelle: Bionade

ionade-Absatz pro Einwohner im jeweiligen Postleitzahlgebiet

68 Säuglingssterblichkeit

Betrachtet man die Welt, ist Deutschland einer der besten Plätze, um geboren zu werden: Hier sterben sehr wenige Säuglinge, dem steigenden Wohlstand und der Medizin sei Dank. Selbst Frühgeborene haben gute Chancen zu überleben. Es gibt aber auch hierzulande Gegenden, in denen mehr Säuglinge sterben als in anderen: Nordrhein-Westfalen muss als Problemfall gelten. An der Qualität der Krankenhäuser kann es kaum liegen, die sind für Säuglinge überall gleich gut. Eine Erklärung ist, dass Kinder, deren Eltern erst kurze Zeit im Land sind, besonders gefährdet sind: Diese Eltern scheuen oft aus Unwissenheit oder Angst den Arztbesuch. Das kann auch erklären, weshalb es im Osten so wenig Sterbefälle gibt: Dort wohnen wenige Ausländer. Warum es aber in Hessen, wo es auch viele Ausländer gibt, besser läuft, ist ein Rätsel. Das Einzige, was hilft: allen Eltern zu raten, regelmäßig zum Arzt zu gehen.

Quelle: Statistische Landesämter

Zahl der
Todesfälle
von Kindern
pro 1000
Geburten

> 10

< 10

< 8

< 6

< 4

< 2

69 Suppenküchen

Soll man sich freuen, dass es inzwischen so viele von ihnen gibt? Oder soll man traurig sein, weil so viele nötig sind? Es fing an mit einer allerersten Tafel in Berlin im Jahre 1993, heute sind sie überall. Sie folgen alle derselben Idee: Wer kein Geld für Essen hat, bekommt es für einen sehr kleinen Betrag. Bürger spenden Geld, Geschäfte spenden überschüssiges Obst, Gemüse und Brot, das noch einwandfrei genießbar ist. Die Idee entstand in den Metropolen, in denen sich die Armut ballt, inzwischen hat sie sich ausgebreitet übers Land, auch dort, wo man vor allem Millionäre vermutet: auf Sylt, in Starnberg und Garmisch. Die meisten Tafeln gibt es im südlichen Bayern und in Baden-Württemberg. Denn geholfen wird dort am meisten, wo es außer Armen auch noch genügend Reiche gibt, die den Armen helfen wollen. Die ärmsten Gegenden in Deutschland, Mecklenburg-Vorpommern oder Sachsen-Anhalt, sind auch am ärmsten an Tafeln.

Quelle: Bundesverband Deutsche Tafel e.V.
(www.tafel.de); Stand Juni 2008

70 Fisch oder Fleisch?

Das Ergebnis der feiertäglichen Diskussion, ob es Fisch oder Fleisch gibt, hängt auch davon ab, wo sie geführt wird. Insgesamt wird überall in Deutschland mehr Fleisch als Fisch gegessen, jedoch gibt es regionale Unterschiede, vor allem unter Männern: Ostdeutsche Männer essen mehr Fisch als westdeutsche. Dass die Menschen in Meeresnähe besonders viel Fisch essen, lässt sich kaum noch behaupten: Frauen in Mecklenburg-Vorpommern mögen Fisch sogar am allerwenigsten. Fisch wird tiefgekühlt eingekauft, selten nur frisch, da ist es fast gleich, wo man wohnt. Fleisch lieben vor allem Männer in Bayern und, stärker noch, in Thüringen. Dort gehört zu einer Brotzeit traditionell eine Wurst oder ein Stück Fleisch. Frauen entscheiden sich, vor die Wahl gestellt, fast im ganzen Land häufiger für Fisch als Männer. In Thüringen verzehren die Frauen sogar absolut gesehen mehr Fisch als die Männer. Wenn es also zur größten Feier des Jahres Karpfen oder Lachs gibt, so dürfen die Frauen dies als Sieg empfinden.

Quelle: Max-Rubner-Institut;
Nationale Verzehrstudie II (2008)

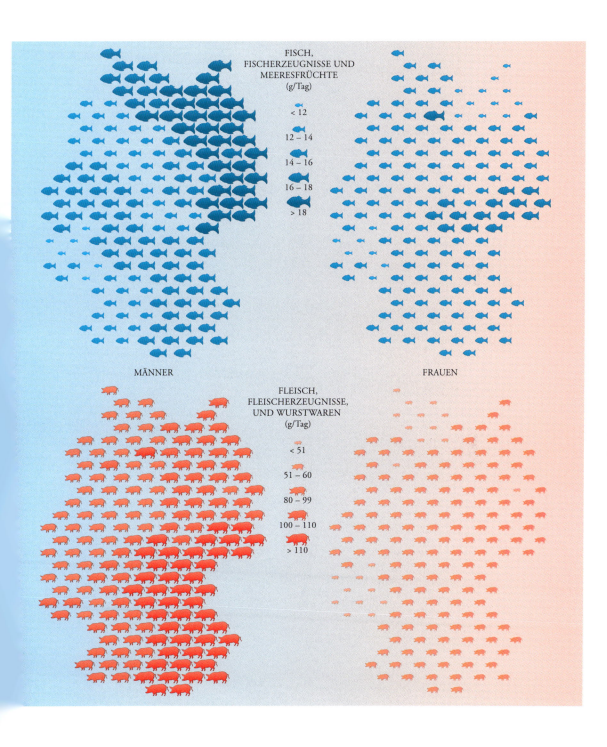

71 Künstlersozialkasse

Die Karte beweist, dass der Künstler an sich ein weitaus weniger scheues Wesen ist als gemeinhin angenommen: Er meidet keineswegs Licht und Aufmerksamkeit, nein, er sucht sie sogar – die meisten Künstler leben dort, wo die Chance besteht, entdeckt zu werden oder gar berühmt. In Berlin sind von 10 000 Einwohnern 80 Künstler, in München 77 und in Köln 53. Der Künstler an sich ist vergleichsweise arm: Er verdient im Schnitt kaum mehr als 13 000 Euro im Jahr, weshalb er auch von der Künstlersozialkasse unterstützt wird, die sich auch um Schriftsteller und andere Kreative kümmert. Aber dennoch zieht es ihn nicht in Orte, in denen das Leben günstig ist, sondern eher in die teuren Städte. Er tut es, weil dort eher Auftraggeber zu finden sind – und andere Künstler, die sich von Auftrag zu Auftrag hangeln.

Quelle: Künstlersozialkasse

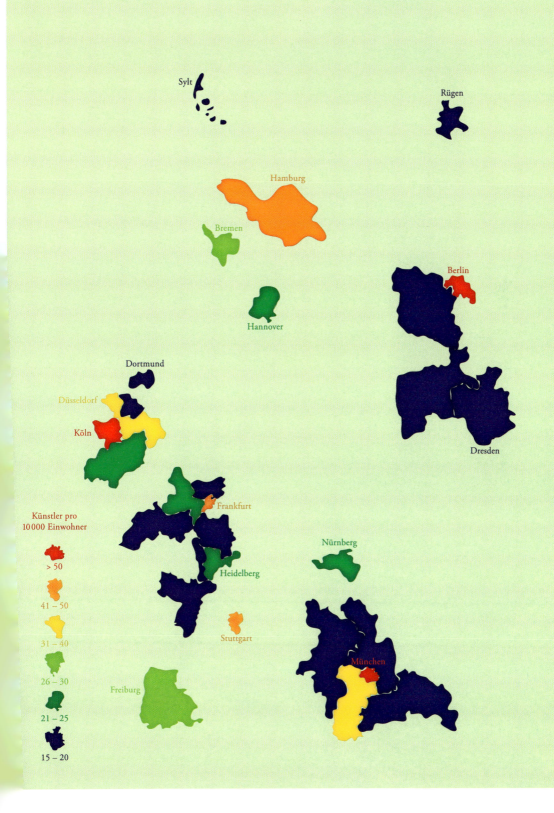

72 Regionalwährungen

Gerade macht sich die Politik ja Gedanken, wie es zu schaffen ist, dass die Deutschen ihr Geld ausgeben, möglichst im eigenen Land. Eine schon etwas ältere Idee: regionale Währungen. Sie tragen hübsche Namen wie Kirschblüten und Sterntaler, man tauscht sie gegen Euro im festen Wechselkurs und kann sie nur in Geschäften, die sich an der Idee beteiligen, wieder ausgeben. Davon soll die örtliche Wirtschaft profitieren. Außerdem lässt sich das Geld nicht verzinsen, es ist ein reines Tauschmittel, gutes altes Geld also. Besonders beliebt ist die Idee im Süddeutschen, wo man sich schon immer auf schlaue Geschäfte verstand. Im Breisgau gibt es auf einem Fleck sogar gleich drei konkurrierende Währungen. Im Osten sind die Gebiete etwa der Landmark und des Berliners zwar groß, allerdings gibt es wenige Geschäfte, in denen man das Geld loswerden kann. Der Chiemgauer ist der Star unter den Regionalgeldern: 2008 wurden 1 072 818 Euro in Chiemgauer umgetauscht. Die erste Million, das sagt man doch so, sei immer die schwierigste.

Quelle: Leibniz-Institut für Länderkunde, B. Nienaber

73 Sommer

Der Sommer ist wie so vieles in Deutschland ungerecht verteilt. Der Deutsche Wetterdienst hat die Temperaturen über viele Jahre gezählt und heraus kam, dass es in manchen Gegenden pro Jahr mehr als 50 Tage lang wärmer als 25 Grad war (so ist ein Sommertag von Meteorologen definiert). In anderen Gegenden zählte man nicht einmal zehn Sommertage. Es gilt die Regel: Je größer der Abstand zum Meer und je tiefer das Land, desto länger dauern die Sommer. Am längsten sind sie entlang des Oberrheins. Die Gegend liegt tief, und der Wind kommt oft aus dem warmen Frankreich. Auch der Osten, vor allem Sachsen, Sachsen-Anhalt und Brandenburg, leidet keinen Mangel an Sommertagen. Das Klima ist dort stark vom Kontinent geprägt, und die trockenen Böden werden recht schnell warm. Generell gilt: Wer es sommerlich mag, sollte die Nähe zu Flüssen suchen. Wie wird sich die Karte verändern, wenn sich die Erde weiter erwärmt? Sie wird roter. Aber die Unterschiede bleiben gleich.

Quelle: Deutscher Wetterdienst

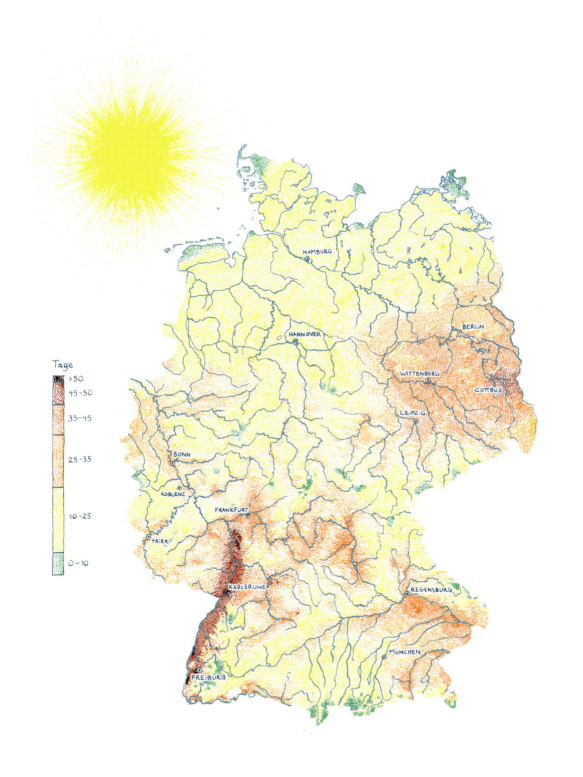

74 Tiere in Wappen

Obwohl der Löwe in Deutschland gar nicht vorkommt, ist er doch das Tier, das es am häufigsten auf Stadtwappen geschafft hat. Mithalten kann nur noch der Adler. Mäuse, Spinnen, Schmetterlinge hingegen gelangten nicht auf die Wappen der deutschen Kreisstädte, die für diese Karte untersucht wurden. Stadtwappen gehen meistens auf Wappen von Fürsten oder Herzögen zurück – und die fanden es hübsch, sich mit mächtigen Tieren zu schmücken, nicht mit solchen am Anfang der Nahrungskette. Und da sich benachbarte Städte oft auf denselben Landesherrn bezogen, kommt es auf der Karte zu einer gewissen Rudelbildung: So häuft sich der Greif, ein Fabelwesen zwischen Löwe und Adler, an der Ostsee, der Löwe in Sachsen und der Hirsch in Württemberg. Fische sind auch in Meeresferne beliebt – sie sind Symbole für das frühe Christentum. Die beliebten Zootiere Elefant, Tiger und Eisbär sind in deutschen Wappen nicht zu finden, obwohl sie ja schön imposant sind. Sie waren den Fürsten damals einfach noch zu unbekannt.

Quelle: eigene Recherchen

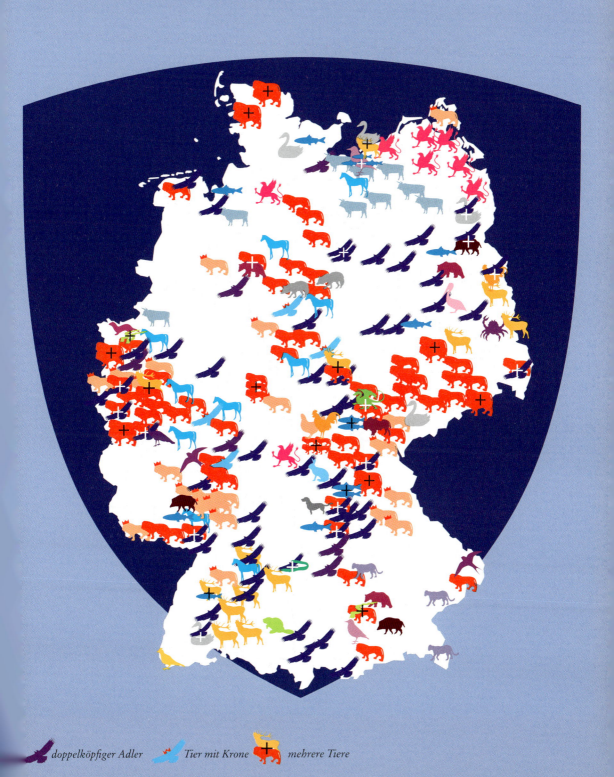

75 Kita-Quote

Wer Kinder in die Welt setzen will und sich danach nicht nur um sie, sondern auch ganztags um seinen Beruf kümmern möchte, sollte sich überlegen, wo er das tut. Thüringen wäre eine gute Wahl, in keinem anderen Bundesland gibt es mehr Plätze in Kindertagesstätten oder Krippen. Auf dem Land in Bayern, Baden-Württemberg oder Niedersachsen hingegen halten die Menschen das Kürzel Kita wahrscheinlich für einen seltenen Mädchennamen. Es gilt der alte Ost-West-Gegensatz, hervorgegangen aus der weltanschaulichen Frage: Wie viel Mutter braucht das Kind? Im Westen denken vor allem Männer noch immer: so viel wie möglich. Und wenn diese zufällig Bürgermeister, Landtagsabgeordneter oder Gemeinderat sind, werden sie kaum daran denken, mehr Kita-Plätze zu schaffen. Nur ein paar Großstädte im Westen ermöglichen es Eltern, moderner zu leben. Mainz und Wiesbaden liegen sogar deutlich vor Berlin, das in den letzten Jahren den Ruf erworben hat, ein guter Ort für junge Eltern zu sein.

Quelle: Leibniz-Institut für Länderkunde, T. Leibert

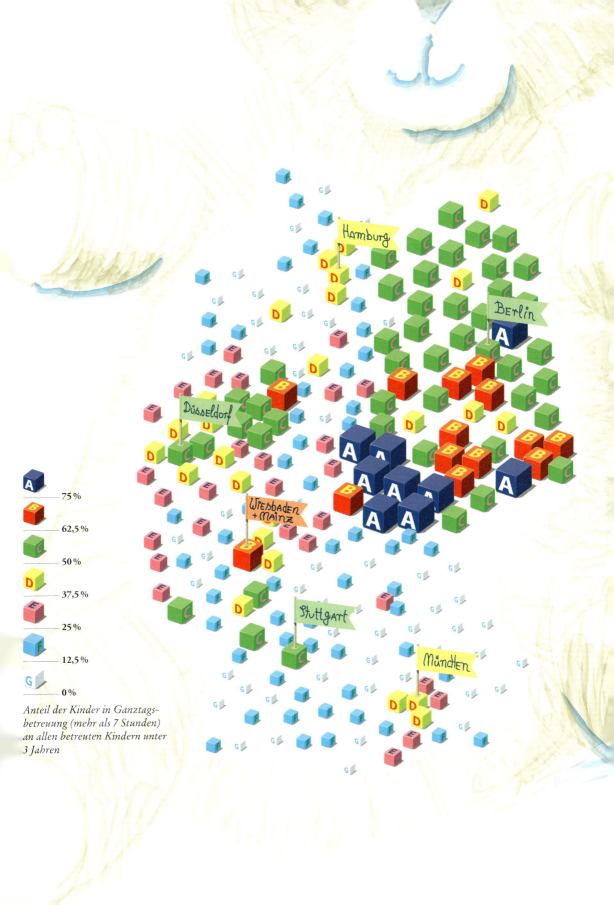

Anteil der Kinder in Ganztagsbetreuung (mehr als 7 Stunden) an allen betreuten Kindern unter 3 Jahren

76 Gas-Pipelines

Erdgas ist unsichtbar, und auch wenn es durch unser Land transportiert wird, ist es unseren Blicken entzogen. Denn die Pipelines, die von den großen Energiekonzernen betrieben werden und jährlich Milliarden Kubikmeter Gas von Stadt zu Stadt pumpen, sind unterirdisch verlegt. Nur hin und wieder weisen mitten in der Landschaft ein paar kryptische gelbe Schilder auf sie hin. Wenn sich der Gasstreit zwischen Russland und der Ukraine wieder verschärft, werden wir vielleicht die großen Pipelines, die diese Karte zeigt, bald so gut kennen wie Autobahnen, die unser Land durchziehen. Dann wird jeder wissen, was es mit dem Ort Waidhaus in Bayern auf sich hat, durch den das meiste russische Gas ins Land strömt. Diese Hauptschlagader verläuft von dort weiter in Richtung Medelsheim im Saarland. Es wird jedoch, wenn das Gas einmal zu versiegen droht, wenig bringen, in der Nähe einer großen Leitung zu wohnen. Da meist keine Abzweigungen von dort in die Städte führen, nutzt auch die dickste Pipeline vor der Haustür nichts.

Quelle: Petroleum Economist

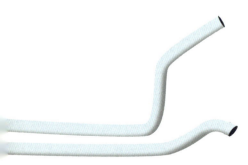

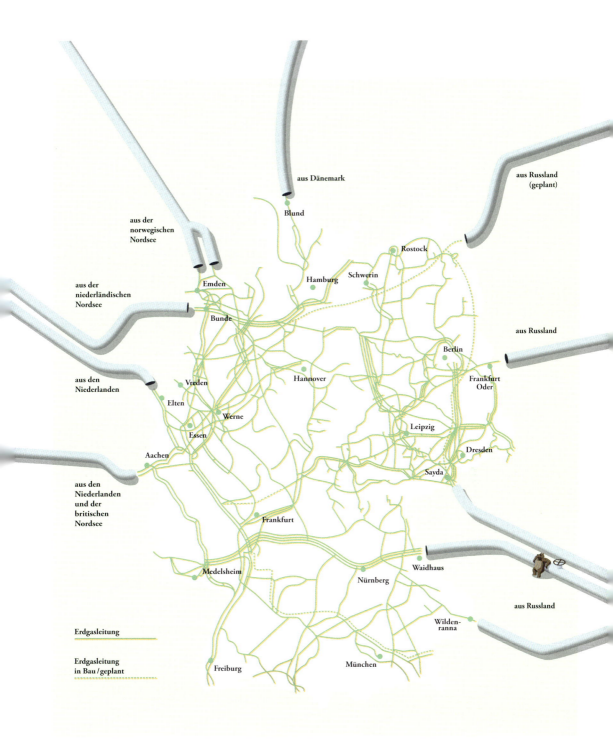

77 Pius-Brüder

Die Gegenden, in denen der deutsche Papst aufwuchs und lehrte, sind anfällig für eine erzkonservative Variante des Katholizismus: Marktl am Inn, Hufschlag, Tübingen, Regensburg – überall in der Nähe finden sich Zentren der Pius-Bruderschaft, jener umstrittenen Gemeinschaft, die 1970 von Marcel Lefebvre in Frankreich gegründet wurde. Richard Williamson, einer ihrer Bischöfe, leugnet den Holocaust. Die Pius-Brüder vertreten einen erzkonservativen Katholizismus und viele von ihnen verachten Schwule, Muslime und Juden. Ihr Gedankengut verbreiten sie vor allem in Bayern und Baden-Württemberg. Im Norden und Osten, wo Deutschland überwiegend protestantisch ist, sind die Brüder so gut wie gar nicht vertreten. Oft haben sie sich, etwa im Süden, in kleinen Orten eingenistet, wo sie ihren Glauben weitab vom verhassten Zeitgeist praktizieren. Und sie hätten es vermutlich noch eine ganze Weile unbemerkt getan, hätte der Papst nicht den Blick auf sie gelenkt.

Quelle: eigene Recherchen

78 Büchereien

Was, bitte, bekommt man für 10 oder 20 Cent? Kaum ein trockenes Brötchen. Es gibt einen Ort in Deutschland, wo man für diese unfassbar niedrige Summe – manchmal sogar für ganz umsonst – etwas bekommt, woran man ein paar Tage oder sogar Wochen Freude hat, ein Buch nämlich. Der Ort heißt Stadtbücherei. Für diese Karte wurden alle Büchereien von Städten untersucht, die mehr als 40 000 Einwohner haben. Es stellt sich heraus: Die 25 am besten besuchten Büchereien und die 25 am schlechtesten besuchten ballen sich enorm. Das Schwabenland ist das Büchereien-Musterland: Hier leihen sich die Menschen im Schnitt rund einmal im Monat ein Buch aus. Das kann entweder an der Sparsamkeit liegen – oder am größeren Lesehunger. Bücherei-Ödnis herrscht im Rheinland und in der Gegend um Hannover. Es liegt übrigens keine der 25 am schlechtesten besuchten Bibliotheken im Osten. Die Westdeutschen müssten also ganz schön viele Bücher kaufen, um genauso belesen zu sein wie die Ostdeutschen.

Quelle: Deutsche Bibliotheksstatistik

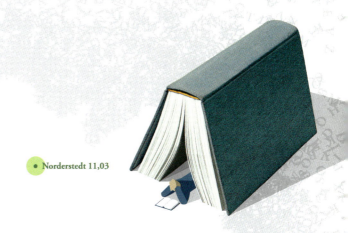

79 GEZ

Es gibt in Deutschland mehr Haushalte als bei der GEZ gemeldete Teilnehmer. Kaum jemand bezahlt gerne seinen GEZ-Beitrag von rund 17 Euro im Monat für Fernsehen und Radio, jeder muss für sich entscheiden: Melde ich mich an – oder tue ich es nicht in der Hoffnung, dass mir die GEZ nie einen Besuch abstattet? Betrachtet man also die obigen Quoten und setzt man voraus, dass in praktisch jedem Haushalt heute ein Fernseher oder ein Radio steht, so verraten einem diese Quoten, wie die Ehrlichkeit in Deutschland verteilt ist. In Berlin entscheiden sich besonders viele fürs Nichtanmelden, in Schleswig-Holstein, Bayern und Baden-Württemberg besonders wenige. Was nur ist in den Stadtstaaten Berlin, Hamburg und Bremen los? Ist dort die Moral so verkommen? Fehlt dort der Glaube an einen Gott, der alles sieht, auch Schwarzseher? Eine Erklärung könnte sein, dass man in der Großstadt eher schummelt als auf dem Land – wo einem die Nachbarn leichter ins Wohnzimmer gucken und flimmernde Kisten erkennen können.

Quelle: GEZ und eigene Berechnungen

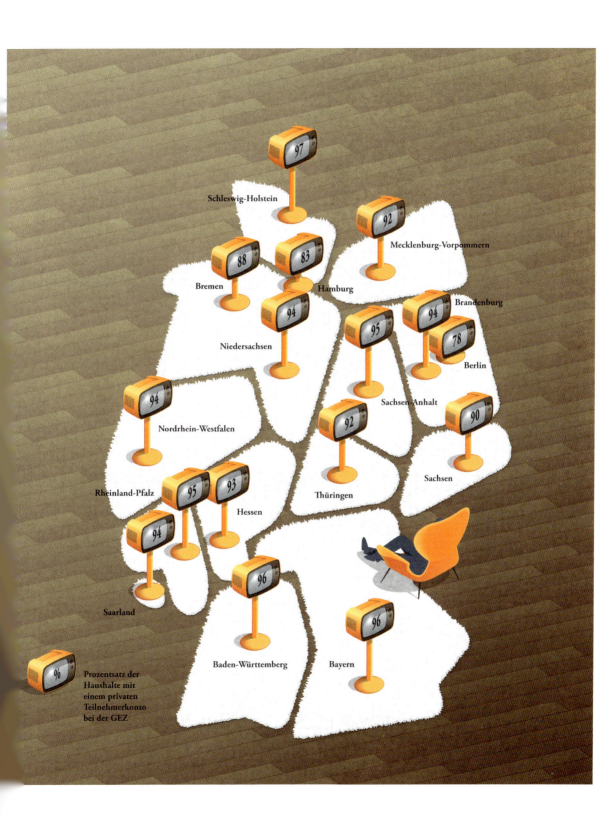

Literaturpreise

Städte verleihen gern Literaturpreise. Ein Schriftsteller reist an und hält eine Lesung, Fotos werden gemacht vom Schriftsteller und von lokalen Honoratioren – und die Stadt darf sich als Hort der Hochkultur fühlen. Man braucht nicht mal viel Geld, Schriftsteller sind ja genügsam. Manchmal reichen ein paar hundert Euro. Wenn es mehr sein soll, sucht die Stadt einen Sponsor, die örtliche Sparkasse zum Beispiel. Die Karte zeigt die Höhe jener Preisgelder, die von Städten – also nicht von Stiftungen oder Verbänden – im Jahresdurchschnitt vergeben werden. Die Preise häufen sich auffällig bei Frankfurt am Main, wo die höchsten Preisgelder einzusammeln sind, gefolgt von Darmstadt, Düsseldorf und Bad Homburg. Offenbar trifft sich in der Goethe-Stadt Frankfurt Sinn für Literatur mit Kapital. Im Süden Deutschlands werden auffallend viele Preise von Städten verliehen, deren Namen viele noch nie gehört haben. Diese Städte sind wohl, wie so mancher Schriftsteller, auf der Suche nach ein bisschen Ruhm.

Quelle: eigene Recherchen

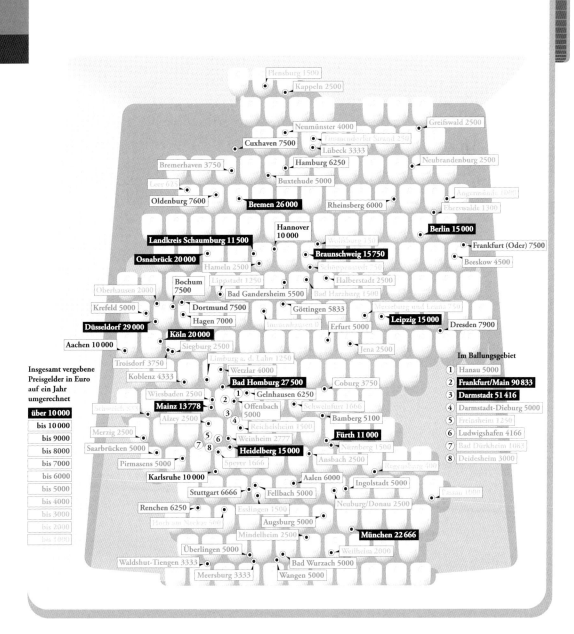

81 Opel-Fahrer

Die Berliner, Hamburger und Saarländer sind an der Opel-Krise vielleicht ein bisschen mehr schuld als die Hessen, Rheinland-Pfälzer und Nordrhein-Westfalen. Sie fahren jedenfalls deutlich weniger Opel. Im Saarland ist nur jedes zehnte zugelassene Auto ein Opel, in Hessen ungefähr jedes siebte. Die deutschen Autofahrer sind ihren heimatlichen Automarken treu. Opel und Opel-Motoren werden in Bochum, Rüsselsheim, Eisenach und Kaiserslautern gebaut – und in den entsprechenden Bundesländern ist die Marke, die in den letzten Jahren immer mehr an Quote verloren hat, auch besonders beliebt. Insgesamt steht sie deutschlandweit noch immer an zweiter Stelle. In Niedersachsen, Bayern und Baden-Württemberg sind die dort ansässigen Automarken stark. Für alle anderen Bundesländer gilt grob: je ländlicher, desto mehr Opel. Vielleicht sollte der Konzern statt beim Wirtschaftsminister lieber bei der für die Landwirtschaft zuständigen Kollegin um Hilfe bitten.

Quelle: Kraftfahrtbundesamt
und eigene Berechnungen

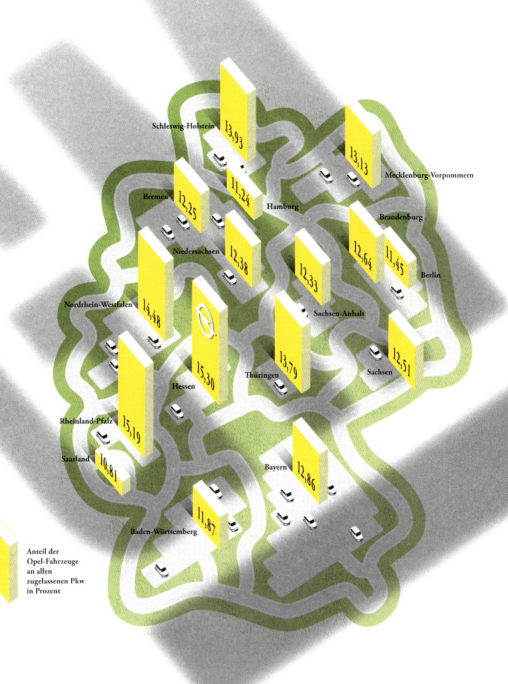

82 Schützenvereine

Seit dem Amoklauf in Winnenden stehen die Schützenvereine in Deutschland im Verdacht, das Unheil zu befördern, stammte doch die Waffe des Täters aus dem Besitz des Vaters, eines Schützen. Schützenvereine haben einen militärischen Ursprung: Die ersten Schützengilden und Schützenbruderschaften wollten die eigene Stadt beschützen. Sie breiteten sich im späten Mittelalter von Flandern und Nordfrankreich über den Rhein aus. Heute gibt es in Niedersachsen die meisten Mitglieder des Deutschen Schützenbundes (dort vor allem in den katholischen Gegenden); sie sehen sich längst der Geselligkeit und dem Sport verpflichtet. Im Rheinland macht der Karneval den Schützen Konkurrenz. Der Osten ist arm an diesen Vereinen, sie waren in der DDR verboten. Bayern hat besonders viele Schützen. Es liebt die Tradition, es ist katholisch – und ländlich. Das Schützenwesen, einst zum Schutz der Städte geboren, ist längst eine Tradition der Provinz.

Quelle: Deutscher Schützenbund

83 Wohnungseinbrüche

Einbrecher, das verrät diese Karte, scheuen es wie recht-schaffene Menschen auch, weite Wege zum Arbeitsplatz zurückzulegen. Wo es weniger potenzielle Täter gibt, in den wohlhabenden Regionen, gibt es auch weniger Ein-brüche – obwohl dort die potenzielle Beute groß ist. Ein-gebrochen wird dort am meisten, wo viel Reichtum und Armut an einem Ort zusammenkommen, man könnte auch sagen: wo die Einkommensschere (oder sollte man vom Einkommensbolzenschneider sprechen?) besonders weit aufgeht. Jedenfalls sind Bremen, Hamburg und Köln die Einbruchshauptstädte des Landes. Die Zentren des Wohlstands wie Baden-Baden oder Starnberg bei Mün-chen sind relativ friedliche Gegenden. Ebenso der Osten, hier ist einfach zu wenig zu holen. Ein Täter aus Thü-ringen hat sich davon nicht abhalten lassen: Er brach fast täglich in Gartenlauben ein, stahl Alkohol, Lebensmittel, auch mal ein Radio – und stürzte sein Altenburger Land ganz tief in die roten statistischen Zahlen. Der Mann wur-de inzwischen festgenommen.

Quelle: Polizeiliche Kriminalstatistik

Wein und Bier

Auch wenn Wein und Bier wie alle Waren des täglichen Verzehrs längst um die halbe Welt fliegen, bevor sie aufgebraucht werden, gilt noch immer die einfache Regel: Wo Wein wächst in Deutschland, da wird er auch getrunken. Im Südwesten trinken Männer bis zu doppelt so oft Wein wie im Norden. Auch spielt die Nähe zum Weinland Frankreich eine nicht unwichtige Rolle. Frauen trinken weniger regionalistisch als Männer. Sie vertrauen offenbar eher ihrem Geschmack, wohingegen Männer trinken, was man in der Gegend nun mal trinkt – in Bayern und im Osten ist das in der Regel Bier. Davon trinken sie übrigens so viel mehr als im Rest Deutschlands, dass dies selbst durch ihre Zurückhaltung beim Wein nicht mehr ausgeglichen werden kann.

Quelle: Max-Rubner-Institut;
Nationale Verzehrstudie II (2008)

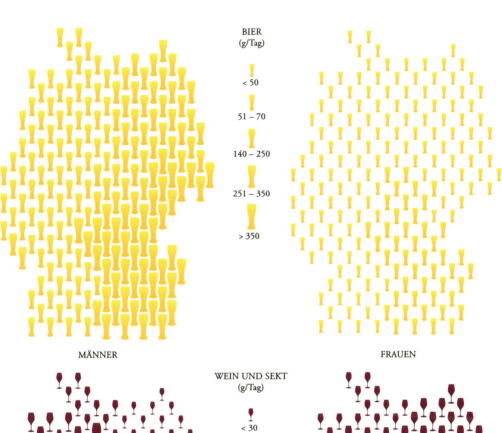
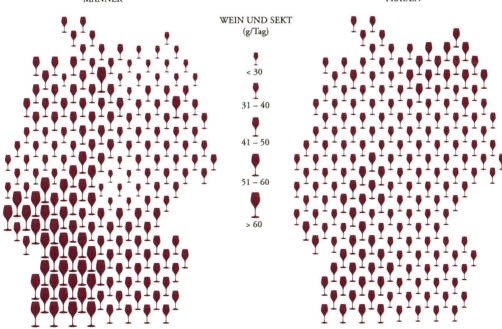

85 Städtenamen im Dialekt

Kaum jemand, der berufsbedingt – warum auch sonst? – nach Gütersloh zieht, ahnt, dass es dort üblich ist, die Stadt »Gütsel« zu nennen. In diesem Fall ist das Wissen schnell aufgeholt, die Vokabel wird rasch beherrscht. In anderen Fällen bleibt die Aussprache des lokal üblichen Stadtnamens für Zugezogene zeitlebens schwierig. Aschaffenburg ist so ein Fall. »Aschebersch« kann nur eine Annäherung des tatsächlich gebräuchlichen Genuschels sein. Auch das i in »Saarbrigge« ist kein klares i, es vermischt sich mit dem e. Im Süden sind die Dialektnamen weitaus häufiger. Hier sprechen mehr Menschen Dialekt. Die alten plattdeutschen Namen der norddeutschen Städte, die kaum mehr verwendet werden, sind hier nicht aufgeführt. Aus Tübingen berichten Schwäbischkundige, dass sich schon ein paar Kilometer von der Stadt entfernt, auf den Dörfern, die Aussprache verändert. Diese Karte ruft also Stammtische und andere Mundartforschungsstätten ausdrücklich dazu auf, weiter zu streiten und zu fachsimpeln.

Quelle: eigene Recherchen

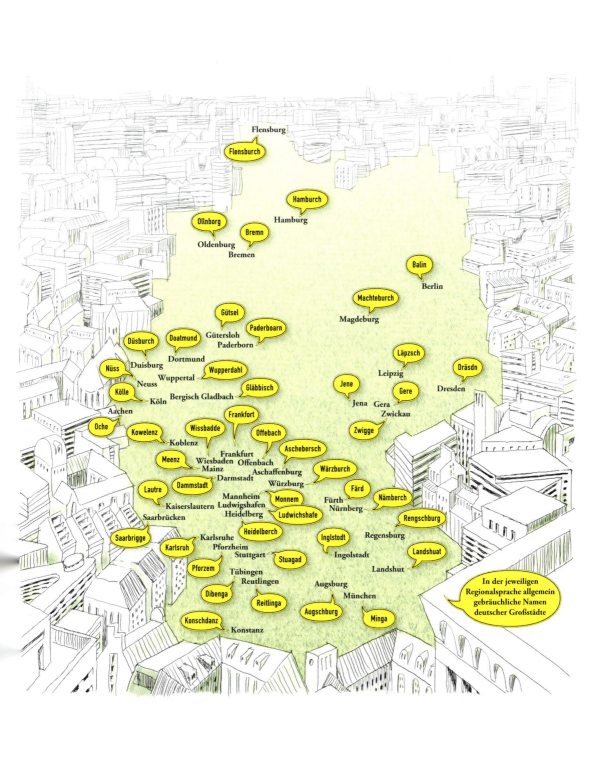

86 Kirchensterben

Selbst Menschen, denen an der Kirche nichts liegt, bedauern es, wenn ihre örtliche Kirche geschlossen wird, ist sie doch außer einem Symbol für das Christentum auch eines für Beständigkeit. Wer sich den Erhalt der Kirchengebäude wünscht, sollte nicht aus der Kirche austreten. Sie werden geschlossen, weil es an Mitgliedern und somit an Geld fehlt. Und weil die Kirchen sonntags so gut wie leer sind. Man sieht: Im Süden des Landes, wo der Gottesdienstbesuch noch zum Leben gehört, wurde kaum eine Kirche geschlossen. Im Bistum Essen dagegen traf es besonders viele Kirchen, ungefähr jede vierte – das Bistum verlor in den letzten 50 Jahren mehr als ein Drittel seiner Mitglieder. Die wenigsten Gebäude werden abgerissen. Es werden Museen, Restaurants und Kindergärten daraus. Die evangelischen Kirchen verschwinden eher aus den katholischen Gegenden – die katholischen Kirchen eher aus den evangelischen Gegenden. Paradox: Das Land wird profaner und der verbleibende konfessionelle Graben etwas tiefer.

Quelle: eigene Recherchen

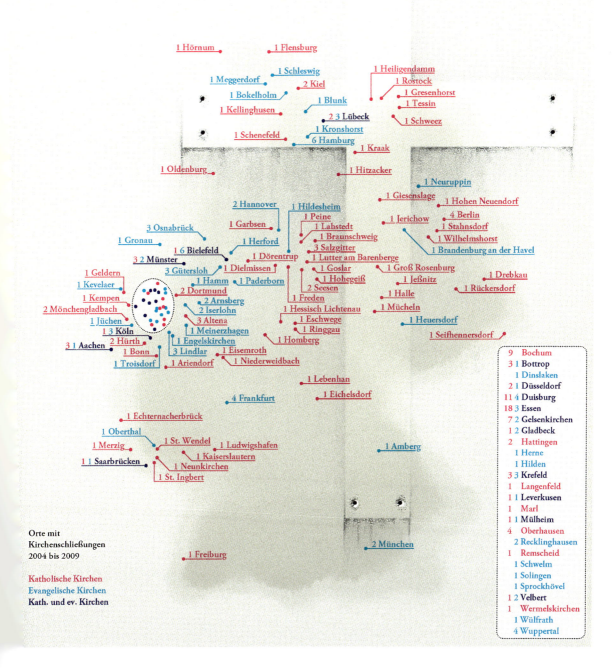

87 Kurzarbeit

Kurzarbeit ist so ein harmloses Wort, es klingt nach Teilzeit, nach hitzefrei. Wer jedoch in Kurzarbeit ist, freut sich kaum über die freie Zeit, die er gewinnt. Er fürchtet, seine Arbeit bald ganz zu verlieren. Von dieser Sorge wurden in den letzten Monaten vor allem Menschen in Landstrichen befallen, die zuvor eher zu den begünstigten zählten. Baden-Württemberg ist das Kurzarbeitsland Nummer eins. In Rottweil, wo viele Zulieferfirmen sitzen, war in den letzten zwölf Monaten (vor allem seit Ende 2008) mehr als ein Viertel der Arbeitsplätze von Kurzarbeit betroffen. Höher ist die Quote nur im Bezirk Helmstedt, in dem auch die VW-Werke liegen. Zulieferer und Autobauer leiden besonders unter der Krise. Außerdem neigen Hightechfirmen eher zur Kurzarbeit. Denn sie hatten bis kurz vor der Krise noch Probleme, genügend Facharbeiter zu finden. Darum werfen sie lieber keinen ganz raus. Der Osten, arm an Industrie, bleibt weitgehend von Kurzarbeit verschont. So verteilen sich die Sorgen etwas gleichmäßiger übers Land.

Quelle: Bundesagentur für Arbeit

Nr.

Name

Monat   Jahr

Abwesenheitsgründe:

U = Urlaub
K = Krank
D = Dienstreise

KU = Kurzarbeit

Kiel 1,78

Schwerin 5,27

Hamburg 4,12

Bremen 9,93

Hannover 6,43

Helmstedt 29,81

Magdeburg 3,36

Berlin-Mitte 1,12

Iserlohn 25,65

Köln 2,64

Erfurt 3,89

Dresden 6,62

Frankfurt 2,91

Stuttgart 14,48

Landshut 24,66

Rottweil 26,30

München 2,91

>30
>25
>20
>15
>10
>5
>1

Quote in % der Kurzarbeit-
Meldungen von April 2008
bis März 2009 – bezogen auf die
sozialversicherungspflichtig
Beschäftigten

88 Kisch-Preisträger

Der Egon-Erwin-Kisch-Preis, 1977 begründet von *stern*-Chef Henri Nannen, ist der bedeutendste deutsche Reportagepreis. In unserer Redaktion hielt sich eine Vermutung: Die meisten Preisträger kommen aus dem Ruhrpott. Wer in der Kindheit Männer sah, die morgens mit finsteren Mienen in Bergwerke einfuhren und abends schmutzig zurückkehrten, dachten wir, entwickelt leichter ein Gespür für die großen sozialen Dramen als jemand aus, sagen wir, Baden-Baden. In Wirklichkeit sind die Kisch-Preisträger so ziemlich überall aufgewachsen, in großen wie kleinen Städten, quer übers Land verteilt (Frankfurt am Main jedoch brachte nie einen großen Reporter hervor). Auch der Osten ist gut repräsentiert, obwohl der Preis die ersten 13 Jahre ein westdeutscher war. Nach der Wende lagen die großen sozialen Dramen im Osten. Vielleicht beförderte auch die Freude, frei schreiben zu dürfen, die Qualität des Schreibens.

Quelle: eigene Recherchen

89 Jugendherbergen

Wenn Schulklassen verreisen, dann überlegen sich Lehrer: Wo könnte ich hinfahren, damit meine Schüler einerseits etwas Schönes sehen – und gleichzeitig nicht allzu sehr abgelenkt werden von den Reizen der Großstadt. Es gehört ja zu den weniger angenehmen Erfahrungen der Lehrer, Schüler für eine Nacht vermisst zu glauben. So kommt es, dass zu den am besten belegten Jugendherbergen in Deutschland neben den Großstädten vor allem solche gehören, deren Namen man noch nie gehört hat. Altleiningen etwa, das auf Platz acht liegt, ist ein Dorf in Rheinland-Pfalz, das man durchaus als abgelegen bezeichnen darf. Großes Plus dort: die Herberge ist in einer schönen Burg untergebracht. Und Bacharach am Rhein ist die beliebteste Jugendherberge überhaupt bei ausländischen Gästen. Der Rhein zieht Gäste offenbar magisch an – wie nur noch das südliche Bayern. Wohl auch, weil Lehrer oder Eltern ihren Kindern zeigen wollen, wo sie früher so Urlaub gemacht haben.

Quelle: Deutsches Jugendherbergswerk

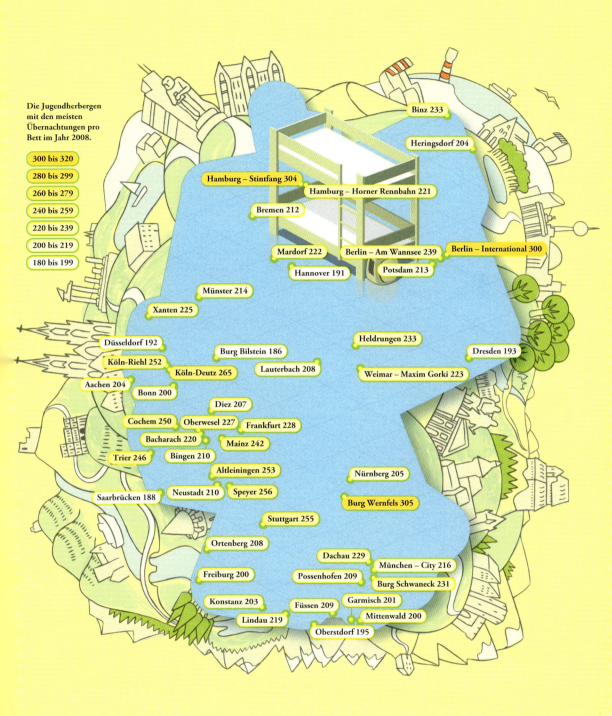

90 Stolpersteine

Stolpersteine sollen den Passanten, der durch die Straßen einer Stadt spaziert, darauf aufmerksam machen, dass in dieser Stadt einst Menschen wohnten, die Opfer des Nationalsozialismus wurden: Juden, Homosexuelle, Roma und Sinti. Die Steine aus Messing sind so unauffällig in die Bürgersteine eingebracht, dass man sie leicht übersieht. Wirklich jemanden zum Stolpern bringen sollen sie natürlich nicht. So ist es zu erklären, dass diese Stolpersteine inzwischen in viel mehr Städten verlegt sind, als es die meisten Menschen, auch solche, die viel unterwegs sind, vermuten würden. Inzwischen gibt es mehr als 400 Städte, die sich an der Idee des Kölner Künstlers Gunter Demnig beteiligen (es sind sogar so viele, dass die Initiatoren nicht ausschließen kann, die ein oder andere Kleinstadt in seiner Aufzeichnung vergessen zu haben). Die Initiative geht meist von Privatpersonen aus, die Erlaubnis muss jeweils die Stadt oder die Gemeinde erteilen. Die ersten Steine wurden vor neun Jahren in Köln verlegt, offenbar sind sie daher in NRW am bekanntesten. Im Osten ist der Stein recht gut vertreten, nur Bayern hat auffallend wenige Steine. Einen echten Streit gab es in München: Das Stadtparlament hat die Steine abgelehnt, auf Empfehlung der Jüdischen Gemeinde. Inzwischen wurden dort Stolpersteine auf privatem Grund verlegt.

Quelle: Stolpersteine (Stand Frühjahr 2009)

Baden-Württemberg

Baden-Baden
Badenweiler
Bretten
Eichstetten
Eislingen
Esslingen
Freiburg
Gerlingen
Göppingen
Heidenheim a.d.Brenz
Hemsbach
Karlsruhe
Kenzingen
Kippenheim
Kirchheim unter Teck
Konstanz
Künzelsau
Ladenburg
Lahr
Lindenberg i.Allgäu
Ludwigsburg
Mannheim
Müllheim
Offenburg
Pforzheim
Pfullendorf
Ravensburg
Schorndorf
Schwäbisch Gmünd
Schwäbisch-Hall
Stegen
Stockach
Stuttgart
Süßen
Überlingen
Walzbachtal
Weingarten
Weinheim
Weissach

Bayern

Acholshausen
Aschaffenburg
Bamberg
Dachau
Erlangen
Estenfeld
Freising
Gaukönigshofen
Höchberg
Kitzingen
Mainbernheim

Marktbreit
München
Nabburg
Nördlingen
Ostheim v.d.Rhön
Regensburg
Rimpar
Rödelsee
Scheinfeld
Schnaittach
Segnitz
Straubing
Vilshofen
Würzburg

Berlin

Brandenburg

Bad Saarow
Cottbus
Eberswalde
Eisenhüttenstadt
Erkner
Falkensee
Frankfurt (Oder)
Fürstenwalde
Guben
Hennigsdorf
Joachimsthal
Kleinmachnow
Königs Wusterhausen
Letschin
Lübben
Luckau
Mittenwalde
Nauen
Neuruppin
Oranienburg
Petershagen /Eggersdorf
Potsdam
Rathenow
Rehbrücke
Schöneiche bei Berlin
Senftenberg
Strausberg
Teupitz
Treuenbrietzen
Zehdenick
Zepernick
Zossen

Bremen

Bremerhaven

Hessen

Bad Schwalbach
Bad Vilbel
Bad Wildungen
Bad Zwesten
Biedenkopf
Breuberg
Büdingen
Darmstadt
Dietzenbach
Dreieich
Frankenberg
Frankfurt
Friedrichsdorf
Fritzlar
Gießen
Guxhagen
Herbstein
Heusenstamm
Hochheim a.Main
Hofheim a.Taunus
Homberg (Efze)
Karben
Kronberg i.Taunus
Lampertheim
Langen
Lauterbach
Linden
Maintal
Marburg
Melsungen
Mörfelden-Walldorf
Neu-Anspach
Nidderau
Oberaula
Offenbach a.Main
Rengshausen
Rüsselsheim
Schwalmstadt
Seligenstadt
Spangenberg
Wiesbaden

Hamburg

Mecklenburg-Vorpommern

Bergen
Garz/Rügen
Greifswald
Lübtheen
Parchim
Pasewalk
Reuterstadt-Stavenhagen
Rostock

Saßnitz
Schwerin
Stralsund
Torgelow
Vitte/Hiddensee
Wismar

Niedersachsen

Achim
Bad Bentheim
Bad Pyrmont
Barsinghausen
Bohmte
Braunschweig
Bückeburg
Burgdorf
Celle
Delmenhorst
Duderstadt
Emlichheim
Gehrden
Gleidingen
Hagen a.T.W.
Hannover
Haselünne
Hildesheim
Hoya
Lengede
Lilienthal
Lingen (Ems)
Lüneburg
Meppen
Nordhorn
Northeim
Osnabrück
Ostercappeln
Pattensen
Peine
Ronnenberg
Rotenburg (Wümme)
Sandstedt
Seesen
Springe
Stadtoldendorf
Sulingen
Syke
Uslar
Verden (Aller)
Wense

Nordrhein-Westfalen

Aachen
Ahaus
Ahlen
Alfter
Altenbeken

Attendorn
Bad Berleburg
Bad Honnef
Bad Laasphe
Bad Oeynhausen
Beckum
Berg.-Gladbach
Beverungen
Bielefeld
Bocholt
Bochum
Bonn
Bornheim
Bottrop
Brühl
Bünde
Dormagen
Dorsten
Dortmund
Drensteinfurt
Duisburg
Dülmen
Düren
Düsseldorf
Erftstadt
Erkelenz
Erkrath
Eschweiler
Essen
Euskirchen
Fröndenberg
Gronau
Gütersloh
Haan
Hagen
Haltern am See
Hattingen
Havixbeck
Heiligenhaus
Hemer
Hennef
Herdecke
Herzogenrath
Hilchenbach
Hilden
Horstmar
Höxter
Hürth
Iserlohn
Kamen
Köln
Kommern
Königswinter
Korschenbroich
Krefeld
Langenfeld
Legden
Lengerich
Lennestadt
Leverkusen
Lüdinghausen
Lünen

Marl
Mechernich
Metelen
Mettmann
Minden
Mönchengladbach
Monheim
Mülheim a.d.Ruhr
Münster
Nettesheim
Neuss
Nottuln
Oberhausen
Ochtrup
Plettenberg
Ratingen
Recklinghausen
Remscheid
Rheine
Schwelm
Schwerte
Selm
Siegburg
Siegen
Soest
Solingen
Telgte
Troisdorf
Unna
Velbert
Viersen
Vlotho
Vreden
Weilerswist
Wermelskirchen
Werne
Wülfrath
Wuppertal
Würselen
Xanten

Rheinland-Pfalz

Andernach
Armsheim
Bad Ems
Bechtolsheim
Bendorf
Bingen
Burg Waldeck
Busenberg
Dahn
Erlenbach
Frankenthal
Gau-Bickelheim
Großkarlbach
Hamm (Sieg)
Hermeskeil
Igel

Ingelbach
Ingelheim
Klingenmünster
Koblenz
Konz
Kusel
Landau
Leubsdorf
Ludwigshafen
Mainz
Meisenheim
Neustadt a.d.Weinstraße
Neuwied
Oberemmel
Ochtendung
Oppenheim
Remagen
Rheinbrohl
Saffig
Sien
Trier
Weisenheim a.Berg
Wiltingen
Wissen
Worms

Saarland

Illingen

Sachsen

Bautzen
Chemnitz
Delitzsch
Döbeln
Eppendorf
Freiberg
Görlitz
Kamenz
Leipzig
Meerane
Mittweida
Radebeul
Schneeberg
Zittau
Zwickau

Sachsen-Anhalt

Aschersleben
Dessau
Eggersdorf
Eisleben
Halle
Klostermansfeld
Magdeburg

Merseburg
Stendal
Weißenfels
Wittenberg
Zeitz

Schleswig-Holstein

Bad Schwartau
Elmshorn
Flensburg
Friedrichstadt
Heide
Hemdingen
Itzehoe
Kappeln
Kellinghusen
Kiel
Lübeck
Meldorf
Neumünster
Reinbek
Rendsburg
Schleswig
Sylt-Kampen
Sylt-Keitum
Sylt-List
Sylt-Westerland
Wyk/Insel Föhr

Thüringen

Altenburg
Arnstadt
Apolda
Bleicherode
Friedrichroda
Gera
Gotha
Ilmenau
Jena
Heiligenstadt
Hildburghausen
Nordhausen
Pößneck
Saalfeld
Suhl
Waltershausen
Weimar

Städte in Deutschland mit Stolpersteinen

91 Kulturausgaben

Die Säulen, die den Museumsbesuchern hier gezeigt werden, sind mit einer gewissen Vorsicht zu betrachten. Wenn eine Stadt hohe Kosten für Kultur, also für Theater, Opern oder Bibliotheken, hat, dann bedeutet das noch lange nicht, dass dort der politische Wille, viel für die Kultur zu tun, besonders ausgeprägt ist. Die meisten Städte tragen, was die Kultur anbelangt, eine gewisse historische Last: Sie haben entweder eine Oper, die sie finanzieren müssen – oder sie haben sie nicht. Die Karte zeigt also eher, welche Städte viel für Kultur zahlen müssen, nicht unbedingt, wo sie viel für Kultur zahlen wollen. Frankfurt am Main jedoch steht nicht zufällig ganz oben. Die Stadt wollte in den 70er und 80er Jahren mit den großen Kulturzentren der Welt, mit London oder Paris, konkurrieren. Man wollte nicht mehr nur Bankenstadt sein, sondern eben auch Kulturstadt. Dass die Städte in NRW so nahe beieinanderliegen, verrät, dass sie offenbar miteinander im Wettbewerb stehen: Was die Nachbarstadt kulturell zu bieten hat, will man auch bieten können. Ganz kleine Säulen haben jene Städte, in denen es weniger Theater und Opern gibt und stattdessen mehr Volkshochschulen und Bibliotheken. Diese zu unterstützen kostet nämlich viel weniger – und manche sagen, dass man damit sogar mehr Menschen erreichen kann.

Quelle: Kulturfinanzbericht 2008

Hamburg 144,6   Kiel 47,5   Rostock 78,1

Bremen 147,1   Lübeck 66,9

Berlin 146,9

Bielefeld 88,1   Magdeburg 136,6
Münster 95,0   Halle 144,2
Dortmund 109,2   Leipzig
Wuppertal 107,7   182,4
Gelsenkirchen 76,2   Braunschweig 59,5
Bochum 95,0   Hannover 43,7
Düsseldorf 138,9
Oberhausen 63,9
Essen 107,4
Duisburg 82,1
Krefeld 83,0

Mönchengladbach 63,8   Frankfurt 202,6

Aachen 84,3   Mannheim 147,8   Dresden 120,1
Erfurt 110,5   Chemnitz 98,3
Köln 94,8
Bonn 144,0

Wiesbaden 76,5

**Öffentliche Ausgaben
der Städte mit über
200 000 Einwohnern
für Kultur 2005 in
EUR je Einwohner**

Karlsruhe 171,5   Nürnberg 84,7

über 200 EUR
180 bis 200 EUR   Stuttgart 144,3
160 bis 180 EUR   Augsburg 94,5
140 bis 160 EUR   München 85,3
120 bis 140 EUR   Freiburg 110,8
100 bis 120 EUR
80 bis 100 EUR
60 bis 80 EUR
40 bis 60 EUR

92 Müll

Trennung und Müll, das gehört in Deutschland zusammen. Was den Müll anbelangt, ist unser Land jedenfalls gespalten: Der Norden produziert viel Hausmüll – also übrig gebliebenen Müll, der weder in der Bio- noch in der Wertstofftonne landet –, der Süden deutlich weniger. Ein Faktor ist die Müllgebühr. Im Süden richtet sie sich danach, wie viel Müll tatsächlich in der Tonne ist. Das ist in vielen nördlichen Bundesländern nicht der Fall. Aus finanziellen oder anderen Gründen – die Deutschen trennen recht unterschiedlich Müll. In Rheinland-Pfalz, Bayern und Baden-Württemberg sind die Gelben Säcke und Tonnen besonders voll, in Hamburg besonders leer. Dabei haben die dichtbesiedelten Gebiete, NRW, Hamburg und Berlin vor allem, einen Nachteil: Wenn viele Mieter in einem Haus wohnen, ist die Disziplin, weniger Hausmüll zu verursachen, geringer. Nirgendwo wird so viel Hausmüll aufgetürmt wie in Hamburg, wo die Grünen bei der vorigen Bürgerschaftswahl rund jede zehnte Stimme bekamen. Wenig Müll machen und grün wählen sind offenbar doch, nun ja, getrennte Dinge.

Quelle: Statistisches Bundesamt

93 Tabak

Je weiter man in den Nordosten Deutschlands fährt, umso vernebelter sind die Wohnzimmer. Eine Theorie besagt, dass Menschen, die sich die Zukunft weniger rosig malen, eher zum Rauchen tendieren. Denn ihnen ist es recht egal, wenn sie durch das Rauchen ein paar Jährchen verlieren. Diese Theorie könnte den hohen Konsum in Mecklenburg-Vorpommern und Berlin erklären, wo ja der Optimismus bekanntlich nicht zu Hause ist. Pfeife und Zigarren, eher vergessene Rauchwaren, haben deutliche Hochburgen: Niemand raucht häufiger Pfeife als die Schleswig-Holsteiner – offenbar gedenken sie dabei ihres ehemaligen Ministerpräsidenten Björn Engholm. Zigarren bleiben ein großes Rätsel. Man würde sie eigentlich dort vermuten, wo dickbäuchige Geschäftsmänner leben. Tatsächlich sind sie in Bremen, Mecklenburg-Vorpommern und Thüringen am beliebtesten.

Quelle: Statistisches Bundesamt

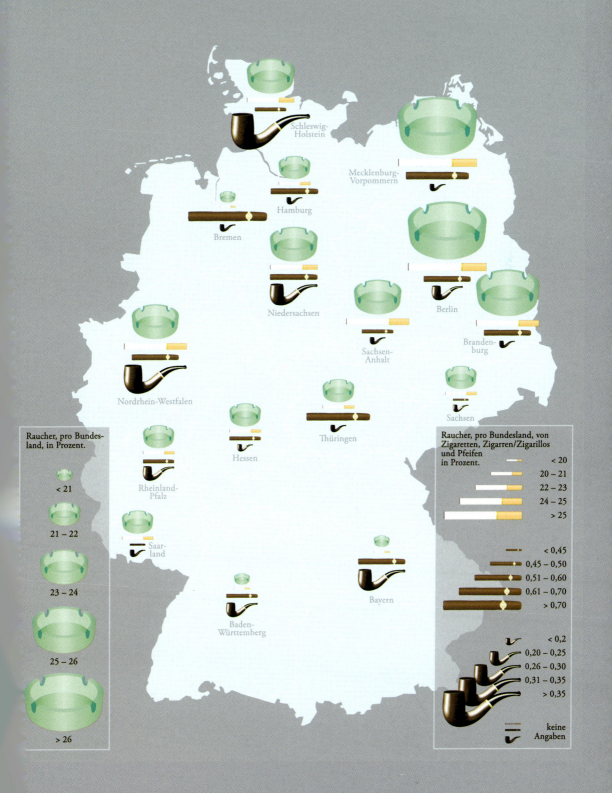

94 Hunde

Im Osten sind Hunde beliebter als im Westen. Zum einen gilt: Je ländlicher ein Gebiet, desto mehr Hunde gibt es (deshalb auch der recht niedrige Wert für Berlin). Dass Hunde auch in Städten gern genommene Mitbewohner sind, ist eine relativ neue Entwicklung. Außerdem: Menschen, die etwas älter sind, mögen Hunde mehr als junge Menschen – und der Osten ist überaltert. Wer sich einen Hund anschafft, der sucht also Gesellschaft – und manchmal, wenn es gefährliche Rassen sind, will er sich auch ein bisschen Respekt verschaffen. Offenbar ist dieses Bedürfnis im Osten, im Norden und in Franken als süddeutsche Hunde-Insel besonders verbreitet. Hundephobikern sei Sachsen und Baden-Württemberg empfohlen.

Quelle: ARD-Werbung Sales Services

> 30

> 21

19 – 21

16 – 18

13 – 15

< 13

nteil der Menschen über 14 Jahren,
e einen oder mehrere Hunde halten
a Prozent)

Inlandsflüge

Frankfurt am Main, das weiß man, hat den größten Flughafen in Deutschland. Doch innerhalb von Deutschland fliegt man nicht sonderlich oft ab Frankfurt oder nach Frankfurt – und dafür öfter ab oder nach Berlin. Das hat neben der politischen Bedeutung der Stadt auch damit zu tun, dass Berlin im Bewusstsein vieler Westdeutscher immer noch sehr weit weg liegt: schon fast in Polen, jedenfalls weit in der ehemaligen DDR, mit dem Auto über die ehemalige Transitstrecke zu erreichen. Man denkt sich: »Da fliegen wir lieber hin.« Auch der schlechte Ruf, den Berlin im Westen hat, spielt eine Rolle. Mir sind Westdeutsche bekannt, die sich weigern, mit dem eigenen Auto nach Berlin zu fahren, weil sie dort um den Lack oder das Auto als Ganzes fürchten. Die Münchner fliegen am allerhäufigsten nach Berlin und die Berliner nach München. Dabei hätten sie einen recht kurzen Weg. Aber gefühlt liegen zwischen München und Berlin weit mehr als nur die tatsächlichen 503 Kilometer Luftlinie.

Quelle: Deutsche Flugsicherung

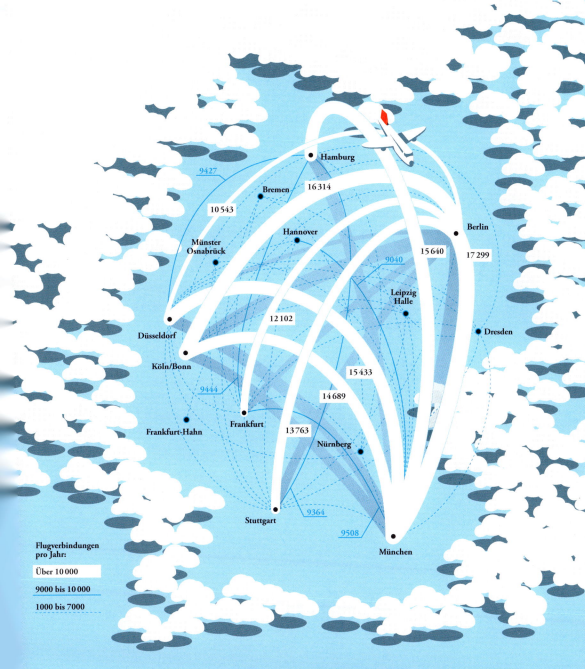

Übergewicht

Der Osten ist einfach zu dick. In allen fünf neuen Bundesländern ist der Anteil der stark Übergewichtigen höher als in den zehn alten Bundesländern im Westen. Sogar die Regionen, deren Lieblingskost keinesfalls als kalorienreduziert bekannt ist, sondern im Wesentlichen aus Schwein und Kartoffeln besteht, sind weniger von Übergewicht geplagt als der Osten. Dort ist, wie die Karte der besten Restaurants vermuten lässt, auch die Dichte der Genießer gering. Wer gerne gut isst, wird offenbar weniger schnell dick. Ein weiterer Grund könnte sein, dass der Westen einen gewaltigen Vorsprung hat, was die Mahnung anbelangt, doch Diät zu halten. Einzig Berlin bildet im Osten eine Insel der Dünnen. Das kann an den ehemaligen Westberlinern liegen, an den Zugezogenen oder auch an dem Schönheitsideal der Frauen in den Bezirken Mitte, Prenzlauer Berg und Kreuzberg, wo es beliebt ist, sich mittels Salaten auf eine Model-Figur herunterzuhungern.

Quelle: Statistisches Bundesamt

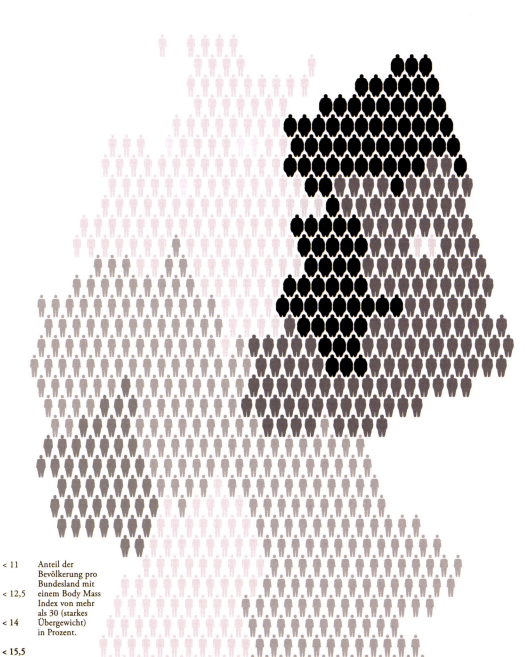

< 11
< 12,5
< 14
< 15,5
< 17
> 17

Anteil der Bevölkerung pro Bundesland mit einem Body Mass Index von mehr als 30 (starkes Übergewicht) in Prozent.

97 Sparquote

Die Sparquote gibt an, wie viel des Einkommens nicht ausgegeben, sondern gespart wird. Es gilt natürlich: Nur wer einigermaßen verdient, kann auch etwas sparen. Damit sind aber längst noch nicht alle Eigentümlichkeiten der Karte erklärt. Wieso etwa sollten die Hamburger, die ja bekanntlich gut verdienen, so wenig sparen? Und die Rheinland-Pfälzer so viel? Dies könnte man noch damit erklären, dass, wer Kinder hat, mehr spart, als Singles es tun. Und da in den Großstädten mehr Singles wohnen, ist in Hamburg oder Berlin die Sparquote besonders gering. Damit ist aber noch nicht beantwortet, weshalb zum Beispiel die Brandenburger mehr sparen als die Saarländer – obwohl das Saarland wohlhabender ist und ähnlich viele Singles hat. Es muss also so etwas geben wie die Mentalität des Sparens. Je mehr ein Mensch zurücklegt, desto größer ist seine Sorge, dass er bald schon nicht mehr so viel verdient. Vor ein paar Jahren noch wurden die Deutschen – und insbesondere die Schwaben – ob ihrer hohen Sparquote verlacht. Heute, in der Finanzkrise, lacht keiner mehr darüber.

Quelle: Statistisches Bundesamt

Singles

Sich über die Single-Dichte zu unterhalten ist für jeden von gewissem Interesse: Für den Single, weil er sich Aufschluss darüber erhofft, in welcher Gegend er seinem Single-Dasein statistisch gesehen am schnellsten ein Ende bereiten könnte (so er es denn wollte); und für den Nicht-Single, weil er so die gefährlichen Areale meiden kann, in denen andere Singles seine harmonische Paarbeziehung aus dem Gleichgewicht bringen könnten. Der Osten ist insgesamt Single-ärmer als der Westen – und das, obwohl dem Osten ja die Frauen fehlen. Man hat im Osten offenbar weniger Lust, das Leben alleine zu meistern. Große Ausnahme ist natürlich Berlin. Je größer und anonymer die Stadt, umso größer die Hoffnung der Singles von außerhalb, dort fündig zu werden – sie ziehen hin, und so wächst die Single-Quote. Bedauernswert sind die Gegenden, wo die Single-Quote hoch ist, weil es zu wenige paarungsfähige Partner gibt. Das sind vor allem die ländlichen Bezirke in Grenzregionen. Wenn also auf einer Party die Rede mal wieder auf die Single-Dichte kommt – und das wird sie sicher –, schlagen Sie den anwesenden Singles doch mal einen Sommerurlaub im Hunsrück oder Allgäu vor.

Quelle: GfK GeoMarketing

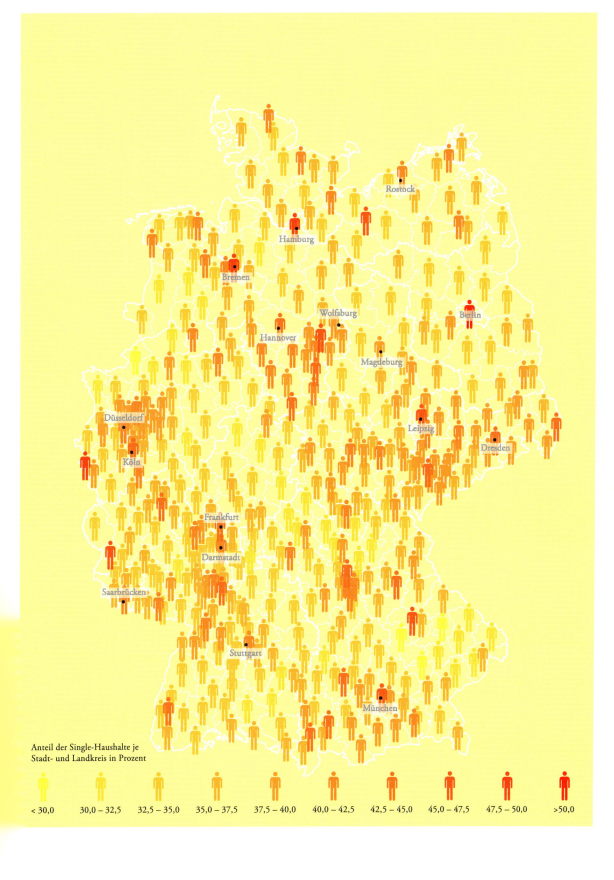

99 Kebab

Leichter findet sich in Deutschland eine Ortschaft, in der es keine Bratwurst gibt, als eine ohne Kebab-Laden. Da kann die Gegend noch so feindlich allem Fremden gegenüber sein: Einen Döner Kebab isst man überall gerne. Eigentlich, sollte man denken, könnte ein Kebab, ähnlich wie ein Hamburger einer Fast-Food-Kette, deutschlandweit zum ähnlichen Preis angeboten werden. Tatsächlich sind die Unterschiede enorm. Ein Kebab in Jübek in Schleswig-Holstein kostet das Dreifache eines Kebab in Pegnitz in Franken. Auffällig ist, dass sich die Preise in Nachbarstädten meist nur wenig unterscheiden – Kebab-Besitzer bestimmen den Preis also danach, was man nebenan so verlangt. So ist der Kebab in NRW besonders billig, genauso wie im Osten einschließlich Berlins. Teuer ist er im Südwesten und ganz im Norden. Die teuersten Kebabs dieser Karte kommen übrigens aus Kahl am Main in Unterfranken, er kostet dort 4,80 Euro. Vielleicht gibt es ja doch eine ungeschriebene Kebab-Preis-Regel: Teurer als fünf Euro darf ein Kebab einfach nicht sein.

Quelle: Thilo Knaupp/
www.doener365.de (Stand 2008)

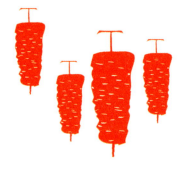

 Kinos

Im Programmkino laufen kasachische Autorenfilme im Original, im Multiplexkino amerikanische in Dolby Extended Surround. So alt wie die Rolltreppenkinos ist die Sorge, das große Kino bringe das kleine um. Von einem epidemieartigen Programmkinosterben ist unter Filmfreunden häufig die Rede. Tatsächlich machten laut Kino-Gilde, dem Verband der Programmkinos, in den vergangenen acht Jahren nur sieben ihrer Kinos zu, fünf neue machten auf. In nur recht wenigen Städten, das zeigt die Karte, müssen Menschen aus Mangel an Auswahl Multiplexkinos aufsuchen. Südlich des Mains sind die Multiplexkinos sogar deutlich in der Unterzahl. Und in Alpirsbach im Kinzigtal kommen auf 6800 Einwohner gleich zwei Programmkinos. Nur im Osten ist die Programmkinodichte tatsächlich geringer. Es gab zu wenige Programmkinogeburten nach der Wende, ein Programmkinosterben jedoch nie.

Quelle: Verband der Filmverleiher

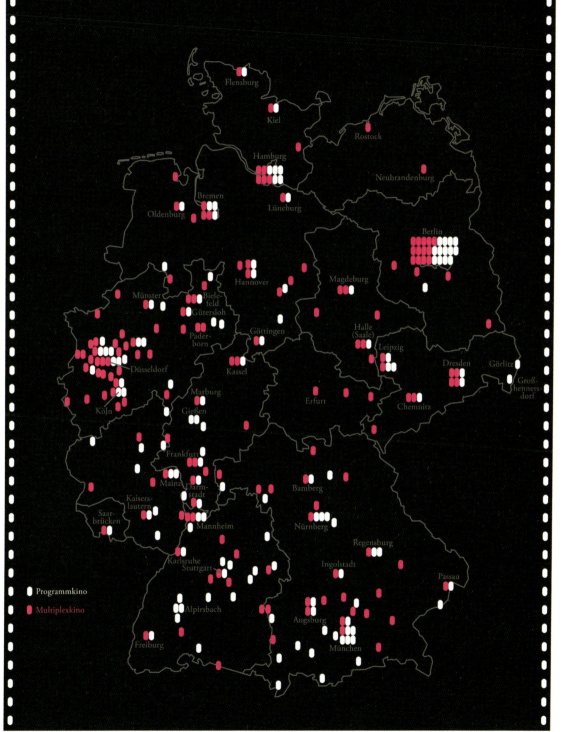

101 Fahrraddiebstähle

Beliebten Gesprächsstoff auf Studentenpartys liefert die Frage, wo in Deutschland die meisten Fahrräder gestohlen werden. Es gibt immer einen Gast, der vorgibt zu wissen, dass die eigene Stadt ganz vorn in der Statistik liegt. Tatsächlich: In Studentenstädten, in Freiburg, Münster oder Bremen, kommen öfter Fahrräder weg als in anderen, ansonsten viel gefährlicheren Städten. Und so dürfen diese Studenten froh sein, dass ihre Stadt ein bisschen gefährlich ist. »Eigentlich«, so denken sie, »ist das doch ein rauhes Pflaster hier in Münster.« Entweder fahren professionelle Diebe in die Studentenstädte, weil dort viele Räder herumstehen, oder die Studenten beklauen sich gegenseitig. Auch diese Geschichte hört man auf studentischen Partys häufig: Wie man eines Nachts so betrunken war, dass man sich ein fremdes Fahrrad geschnappt hat und damit nach Hause gefahren ist. Es gibt die Geschichte mit dem Schlusssatz »Ich hab's natürlich am nächsten Morgen wieder dort abgestellt« und ohne.

Quelle: Polizeiliche Kriminalitätsstatistik

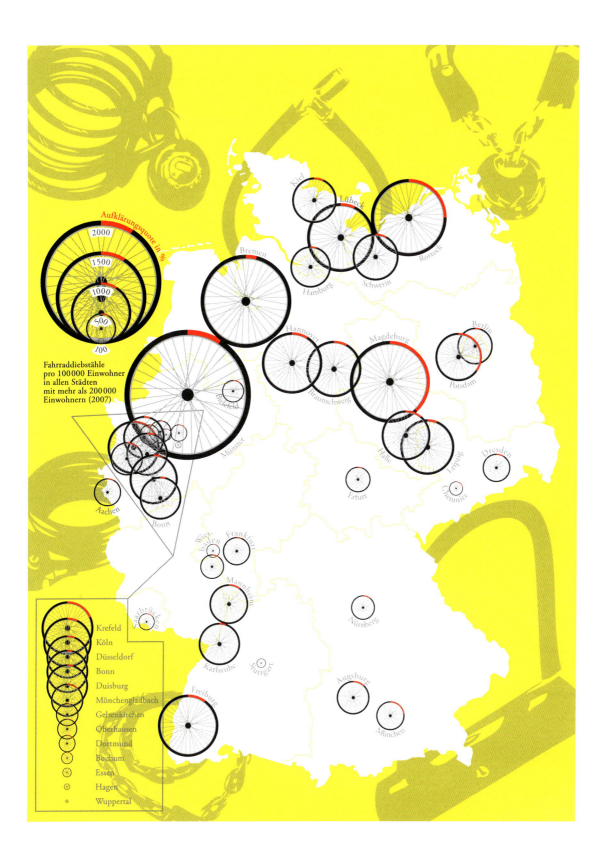

Machen Sie sich Ihr eigenes Deutschlandbild